杨智勇　主编

零起点
就业系列

图解摩托车维修

TUJIE MOTUOCHE WEIXIU

化学工业出版社

·北京·

图书在版编目（CIP）数据

图解摩托车维修/杨智勇主编．—北京：化学工业出版社，
2016.5（2025.4 重印）
（零起点就业系列）
ISBN 978-7-122-26675-0

Ⅰ．①图…　Ⅱ．①杨…　Ⅲ．①摩托车–车辆修理–图解
Ⅳ．① U483.07-64

中国版本图书馆 CIP 数据核字（2016）第 065894 号

责任编辑：周　红　　　　　　　　文字编辑：陈　喆
责任校对：吴　静　　　　　　　　装帧设计：王晓宇

出版发行：化学工业出版社
　　　　　（北京市东城区青年湖南街13号　邮政编码100011）
印　　装：涿州市般润文化传播有限公司
850mm×1168mm　1/32　印张7½　字数212千字
2025年4月北京第1版第13次印刷

购书咨询：010-64518888
售后服务：010-64518899
网　　址：http://www.cip.com.cn
凡购买本书，如有缺损质量问题，本社销售中心负责调换。

定　　价：39.00元

前言

目前，中国摩托车工业已有了飞速的发展，摩托车的生产能力、市场占有率和社会保有量均有大幅度的提高。随着摩托车数量的增多，摩托车服务前景广阔。摩托车使用与维修技术人员尤其是初学摩托车修理人员迫切需要学习相关的摩托车专业知识。为了使广大初学摩托车修理人员全面系统地了解摩托车维修的基础知识，增强维护修理、排除故障的实际能力，掌握摩托车维修技巧等知识，特编写此书。

本书以通俗易懂的语言，围绕初学摩托车修理人员所关心的问题，从初学者的角度，以图解的形式，围绕初学摩托车修理人员所关心的问题，对摩托车的检查与调整、主要零部件的拆装、常见故障的诊断与排除、主要零部件的检修等方面的知识都做了详细的介绍。

本书内容丰富，可读性强，实用性强，既可作为初学摩托车维修人员的入门指导，也可供广大摩托车爱好者、驾驶员以及大中专院校相关专业的师生阅读和参考。

本书由杨智勇任主编，惠怀策任副主编，参加编写的还有王恒志、范谕诚、李川峰、李丁年、于宏艳、张宁、高继生、李旭、栾宏宇、王鹏、陈剑飞、张喜平、李艳玲、胡明。

由于水平所限，不足之处在所难免，恳请读者批评指正。

编 者

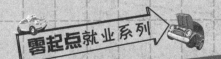

零起点就业系列

第一章 知识准备 /001

第一节 摩托车的分类与型号 /001

　　一、摩托车的分类 /001

　　二、摩托车的型号简介 /005

　　三、典型摩托车 /007

第二节 摩托车的基本结构 /008

　　一、发动机 /009

　　二、传动系统 /018

　　三、操控系统 /019

　　四、行走系统 /020

　　五、电气设备 /021

第三节 工具与量具 /023

　　一、工具 /023

　　二、量具 /043

第二章 发动机的维修 /055

第一节 发动机零部件拆装 /055

　　一、发动机拆装注意事项 /055

　　二、从车架上拆装发动机 /056

　　三、发动机主要零部件的拆装 /060

　　四、机油泵的拆装 /067

　　五、化油器的拆装 /068

第二节 发动机的检查与调整 /069

　　一、配气机构的检查与调整 /069

　　二、燃油供给系统的检查与调整 /074

　　三、润滑系统和冷却系统的检查与调整 /077

目录

第三节　发动机零部件检修　/083

一、汽缸盖的检修　/083

二、活塞组件的检修　/092

三、曲轴及曲轴箱的检修　/096

四、连杆组件的检修　/097

五、机油泵的检修　/099

六、空气滤清器的检修　/100

第四节　发动机常见故障的排除　/102

一、发动机启动困难或不能启动故障　/102

二、发动机自动熄火故障　/105

三、发动机过热故障　/106

四、发动机功率不足故障　/107

五、发动机排气管冒黑烟故障　/108

六、发动机运转时有异响故障　/108

七、发动机无怠速故障　/109

八、发动机怠速不稳故障　/110

第五节　发动机典型维修实例　/111

实例一　金城JC125摩托车行驶中发动机熄火再也无法启动　/111

实例二　重庆雅马哈CY80摩托车发动机不能启动　/112

实例三　清洗化油器后，出现了发动机难启动、油耗偏大、加速性能差的故障　/113

实例四　宗申90型摩托车在1挡行驶时启动杆有反弹现象，其他挡位在行驶过程中一切正常　/114

实例五　车辆行驶时排气消音器冒蓝烟　/114

实例六　铃木GS125发动机自动熄火，不能再启动　/115

实例七　风冷踏板摩托车行驶时汽缸头部有异常声响　/116

第三章 传动系统的维修 / 117

第一节 传动系统的拆装 / 117

一、传动系统拆卸前的准备要点 / 117

二、离合器的拆装 / 118

三、变速器的拆装 / 120

四、传动（主动）链轮和链条的拆装 / 121

第二节 传动系统的检查与调整 / 123

一、离合器的调整 / 123

二、换挡机构的调整 / 124

三、链条的调整 / 127

第三节 传动系统的检修 / 130

一、离合器的检修 / 130

二、变速器的检修 / 133

三、启动机构的检修 / 135

第四节 传动系统常见故障的排除 / 136

一、离合器打滑故障 / 136

二、离合器分离不彻底故障 / 137

三、变速器换挡困难故障 / 138

四、变速器跳挡故障 / 139

五、中间轴轴向窜动故障 / 140

六、变速器挂不上一挡故障 / 141

七、启动杆打滑故障 / 141

八、启动杆不回位故障 / 142

九、启动杆踏不下故障 / 142

十、后传动中传动链条、链轮早期过度磨损故障 / 143

目录

第五节　传动系统典型维修实例　/ 144

实例一　金城CJ70摩托车加速时车辆行驶无力的故障　/ 144

实例二　铃木FA50摩托车有时加大油门车不走，行驶无力　/ 144

实例三　捷达JD100摩托车冷车时启动容易，热车启动时常感觉启动杆踏下无阻力的故障　/ 145

实例四　嘉陵本田JH125摩托车变速器在三挡位置时，变速杆不能操作移动的故障　/ 146

实例五　幸福XF125摩托车变速器换挡困难的故障　/ 147

实例六　五羊本田250摩托车发动机运转正常，但车辆却无法行驶的故障　/ 148

第四章　行驶系统与操纵系统的维修　/ 149

第一节　行驶系统与操纵系统的拆装　/ 149

一、车轮的拆装　/ 149

二、减震器的拆装　/ 153

三、制动器的拆装　/ 159

第二节　行驶系统与操纵系统的检查与调整　/ 163

一、制动器的调整　/ 163

二、转向装置及车轮的调整 /167

三、铃木摩托车后减震器的调整 /170

第三节 行驶系统与操纵系统零部件的检修 /170

一、车轮的检修 /170

二、制动器的检修 /173

三、减震器的检修 /176

第四节 行驶系统与操纵系统常见故障的排除 /176

一、减震器故障 /176

二、车辆行驶故障 /178

三、转向不灵活故障 /180

四、制动系统故障 /181

第五节 行驶系统与操纵系统典型维修实例 /184

实例一 嘉陵JH125型摩托车转向不易控制 /184

实例二 铃木A100型摩托车后减震器有异响 /184

实例三 富先达FXD125型摩托车行驶不平稳，后轮
摆动 /185

实例四 金城铃木AX100摩托车制动器拖滞，车辆
行驶阻力大 /185

实例五 金城铃木AX100型摩托车解除制动后车辆
行驶速度变慢，油耗增加 /186

第五章 电气设备的维修 /188

第一节 电气设备的拆装 /188

一、火花塞的拆装 /188

二、磁电机的拆装 /190

目录

三、电子点火器CDI的拆装　/192

四、点火线圈的拆装　/192

五、起动机的拆装　/193

六、开关、灯具、仪表的拆装　/196

第二节　电气设备的检查与调整　/200

一、断电器触点间隙检查　/200

二、点火正时的检查与调整　/200

三、喇叭音量的检查与调整　/201

四、后制动开关的调整　/202

五、前照灯光束的调整　/202

第三节　电气设备零部件检修　/203

一、插接件的检修　/203

二、蓄电池的检查　/204

三、火花塞的检查　/205

四、点火线圈的检查　/206

第四节　摩托车电路图的识读　/207

一、摩托车电路图的组成与特点　/207

二、识别摩托车电路图的要领　/207

三、电路图的常用电气符号　/209

四、典型电路分析　/212

第五节　电气设备故障诊断与排除　/217

一、蓄电池供电电路不畅通　/217

二、磁电机不充电　/218

三、交流发电机不充电　/219

四、里程表不正确指示　/219

五、前照灯灯泡不发光　/220

六、前照灯灯光暗淡 / 222

第六节 电气设备典型维修实例 / 223

实例一 本田C50型摩托车起动机转动很慢，不能启动发动机 / 223

实例二 五羊本田WY125摩托车灯光发暗或全部不亮 / 223

实例三 嘉陵JH90型新摩托车的灯光和喇叭都不工作，发动机启动却都正常 / 224

实例四 长洪CH125型摩托车前照灯时亮时灭 / 225

实例五 金城CJ70型摩托车前照灯近光正常，远光暗淡 / 226

实例六 铃木AX100型摩托车前照灯灯光暗淡，蓄电池严重亏电 / 226

实例七 名流100型摩托车前照灯远光暗淡 / 227

实例八 铃木AX100型摩托车喇叭不响，转向灯不亮 / 227

实例九 重庆雅马哈CY80型摩托车电喇叭不响 / 228

实例十 重庆雅马哈CY80型摩托车燃油表指针始终指示满刻度 / 228

参考文献 / 229

第一章 知识准备

第一节 摩托车的分类与型号

一、摩托车的分类

1 摩托车的分类方法

摩托车的分类方法详情见表1-1。

表1-1 摩托车的分类方法

分类原则	分类	说明	备注
按发动机排量	如50mL、70mL、80mL、100mL、125mL、250mL、750mL等不同发动机排量	生产时，发动机排量要预先做出规定，之后按照发动机的不同排量进行分类	—

续表

分类原则	分类		说明	备注
按发动机的冲程数	二冲程		即曲轴每旋转一周，活塞上下往复运动两个冲程，完成进气、压缩、做功、排气四个过程，即完成一个工作循环	活塞在汽缸内作往复运动的两个极限位置，称为止点。活塞运动到离曲轴旋转中心最远时的位置称为上止点，最近时的位置称为下止点。上止点与下止点之间的距离称为活塞冲程
	四冲程		即曲轴每旋转两周，活塞上下往复运动四个冲程，完成进气、压缩、做功、排气四个过程，即完成一个工作循环	
按车轮数目及安装位置	二轮摩托			
	三轮摩托	正三轮		—
		边三轮		
按车辆用途	道路车		见表1-3	—
	越野车			
	城乡两用车			
按车辆行驶特征及所能适应的道路条件	普通型		见表1-3	—
	越野型			

注：目前比较流行的分类法是采用美国"道路适应型"综合法，就是以该车型适合于什么样的道路条件为前提，辅之以发动机的排量、功率、轮辋直径等为主要依据进行分类。

2 我国摩托车的分类

我国摩托车一般按车辆的最大车速和发动机排量进行分类。

（1）轻便摩托车。指发动机排量在50mL以下、车速不超过50km/h的摩托车，按车轮数目又可分为轻便两轮摩托车和轻便三轮摩托车。

（2）摩托车。凡空车质量不超过400kg（带驾驶室的正三轮摩托车及专用摩托车的空车质量不受此限），设计最大车速超过50km/h，发动机汽缸工作容积超过50mL。根据有关标准规定，可将摩托车分为三大类15种车型，见表1-2。

表1-2 摩托车分类

种类	名称		类型代号
两轮车	普通车		—
	微型车		W
	越野车		Y
	普通赛车		S
	微型赛车		WS
	越野赛车		YS
	特种车 开道车		K
边三轮车B	普通车		B
	特种边三轮车	警车	BJ
		消防车	BX
正三轮车Z	普通正三轮车	客车	ZK
		货车	ZH
	专用正三轮车	容罐车	ZR
		自卸车	ZZ
		冷藏车	ZL

3 按用途分类

摩托车按不同用途分为道路车、越野车、城乡两用车，见表1-3。

表1-3　按用途分类

序号	车型名称		特征	典型车型
1	道路车	坐式车 轻便型	发动机排量≤50mL，车速≤50km/h	
		坐式车 普通型	发动机排量为50～250mL，最高车速＞50km/h	
		低跨式车	车架呈低跨式，发动机排量为50～110mL，车速为90～100km/h，男女皆宜	
		通用骑式车	摩托车的基本车型，适合于各种道路条件和负荷经常变化的场合	
		公路车	具有赛车的优良性能，是现代摩托车技术水平的代表，最高车速可达200km/h以上	
		美式车	亦称"太子车"，较大的前伸角，宽车把高昂，座位低置，水滴油箱，高置脚蹬	
2	越野车	竞技车	高挡泥板，高置二冲程发动机，越野轮胎，高减速比	
		耐力车	专为"拉力赛"而设计，发动机排量一般为400～800mL，四冲程	
3	城乡两用车		仿耐力车的实用型式，具有较高的可靠性与耐久性	

004

二、摩托车的型号简介

1 摩托车的型号编制说明

摩托车的型号是由商标（或企业）代号、规格代号、类型代号、设计序号及企业自定代号五部分组成。如YH50Q-2D摩托车的型号编制组成含义如下。

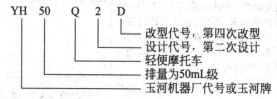

```
YH   50   Q   2   D
                   └─ 改型代号，第四次改型
               └─── 设计代号，第二次设计
           └─────── 轻便摩托车
      └──────────── 排量为50mL级
 └───────────────── 玉河机器厂代号或玉河牌
```

具体解释见表1-4。

表1-4　摩托车的型号编制说明

组成	解释	举例
商标（或企业）代号	表示摩托车的商标（或企业）名称，一般由商标名称的汉语拼音的第一个字母组成	如XF125中商标代号"XF"即是由"幸福"牌商标的汉语拼音的第一个字母组成
	近年来中外合资生产的摩托车所采用的商标名称一般由中外合资厂的原商标组合而成	JH70中商标代号"JH"是由"嘉陵-本田"组合的缩写
规格代号	表示摩托车的规格（排量）大小，一般用摩托车发动机的汽缸工作容积（名义排量）表示，单位为cm^3，一般用阿拉伯数字组成	如DY100、WY125A、CJ750B等型号的摩托车，其型号中的100、125、750数字分别表示该型摩托车所用发动机的汽缸工作容积为$100cm^3$、$125cm^3$和$750cm^3$
类型代号	表示摩托车的所属类别。轻便摩托车用字母"Q"表示，除此之外的摩托车则以某种类代号和车型代号组合而成。种类代号和车型代号分别用摩托车的种类名称和车型名称的大写汉语拼音首字母表示	表示方法见表1-2

续表

组成	解释	举例
设计序号	表示摩托车的设计顺序的先后，当同一个生产厂同时生产商标、汽缸工作容积和类型相同的摩托车，但又是同一个基本型的设计变型车辆时，采用标注设计序号的方法来加以区分。设计序号规定用阿拉伯数字1、2、3……依次来表示产品设计改造的顺序号，规定标注在类型代号后面，并用间隔符号"-"隔开，当设计序号为1时应省略	CJ750BJ-2就表示第二次设计改进的基本车辆
企业自定代号	表示对基本型车辆的主要性能、结构、形状做出了较大的改进。企业自拟订的改进代号常用大写字母A、B、C……表示车辆的改进顺序号	XF250YS-A型摩托车，其型号中字母A表示该型车是在XF250YS型车上进行了第一次重大的改进设计

2　新产品的型号编制

新产品的型号编制，应在产品鉴定之前向行业标准化归口管理部门申报，经核发后方可使用。新产品的型号一般由以下四部分组成。

（1）第一部分为公司名称，如HONDA、BMW。

（2）第二部分为用字母表示的车型系列代号或车名，如CBX、GS。

（3）第三部分为发动机的工作容积，一般用 cm^3 为单位，而德国一般用 $10cm^3$ 为单位。

（4）第四部分的字母表示车体、发动机等结构特征的符号。无符号者表示基本型。

新产品的型号组成含义如下。

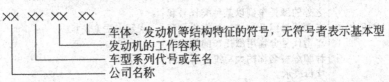

XX　XX　XX　XX
车体、发动机等结构特征的符号，无符号者表示基本型
发动机的工作容积
车型系列代号或车名
公司名称

三、典型摩托车

近年来，随着摩托车工业的飞速发展和技术水平的不断提高，摩托车的种类越来越多，不断涌现出新车型。现介绍几种有代表性的摩托车。

1 轻便型摩托车

图1-1 轻便摩托车

此种车型设计时的理论最高车速一般不超过50km/h，发动机的工作容积不超过$50cm^3$，变速器也多为自动无级式。典型代表为嘉陵50型摩托车，如图1-1所示。

2 普通型摩托车

（1）实用车。实用车的发动机工作容积多为$125cm^3$以下，常用四挡或五挡的变速传动系统，适用于各种道路和载荷条件。动力性、可靠性、耐久性均较好，车架坚固耐用，车速多为75～100km/h，经济实用。典型代表为长春铃木AX-100型摩托车，如图1-2所示。

（2）坐式车。坐式车是近年来发展迅速、深受广大女士所喜爱的车型。这种车架前部是平面板式，驾驶员的双脚可平放在踏板上，乘坐舒适，操纵简便。多采用工作容积为50～$250cm^3$的发动机和无级变速系统，车轮直径较小，因而上、下方便，安全性较好。典型车有钱江QJ125T-26D等，如图1-3所示。

图1-2 实用车

图1-3 坐式车

（3）公路车。公路车主要用于在平坦的高速公路上高速、远距离行驶，最高行驶车速可达100～150km/h，且加速性能好，风驰电掣是公路车的特点。公路车一般装有125～1200cm³高性能的多缸四冲程发动机，且转速高，功率储备很大。典型车为铃木125摩托车，如图1-4所示。

（4）公路越野两用车。一般用于泥土道路或路况较恶劣的乡村道路，发动机中、低速，转矩大，功率足，车架的强度和刚度都要求较高，离地间隙大，采用大直径的车轮，注重车架的使用寿命和吸振能力。典型车为宗申ZS150gy公路越野摩托车，如图1-5所示。

图1-4　公路车　　　　　　　　图1-5　公路越野两用车

第二节　摩托车的基本结构

摩托车型号不同，其结构也有所不同。一般情况下，摩托车由发动机部分、传动部分、车架部分、行走部分、前后减震装置、电气仪表部分、操纵部分等组成，如图1-6所示。

如图1-7所示，摩托车是利用安装在车架上的发动机1发出动力，通过离合器2将动力传递给变速器3，再通过万向节传动轴4把动力传给后传动装置7，最后通过传动装置的从动齿轮将动力传给车轮，推动摩托车行驶。

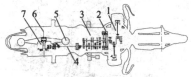

图1-6　摩托车的组成

1—操纵部分；2—电气仪表部分；3—前减
震器；4—行走部分；5—车架部分；6—发
动机部分；7—传动部分；8—后减震器

图1-7　摩托车结构简图

1—发动机；2—离合器；3—变速器；
4—传动轴；5—后车轮；6—后轮轴；
7—后传动装置

一、发动机

发动机是摩托车行驶的动力来源。它通过燃料在发动机的汽缸内燃烧，将热能转变为机械能，驱动摩托车向前行驶。发动机由机体、曲轴连杆机构、配气机构、燃料供给系统、进排气系统、冷却系统、润滑系统和点火系统等组成，如图1-8所示。

（一）发动机基本结构

图1-8　发动机外形

1　二冲程汽油发动机的结构

所谓二冲程汽油发动机，就是曲轴每旋转一转，活塞上下往复运动两个冲程，完成进气、压缩、燃烧、排气四个过程，即完成一个工作循环。二冲程汽油发动机的结构如图1-9所示。

2　四冲程汽油发动机的结构

所谓四冲程汽油发动机，就是曲轴旋转两周，活塞往复运动两次，完成进气、压缩、燃烧、排气4个工作过程。四冲程汽油发动机结构如图1-10所示。

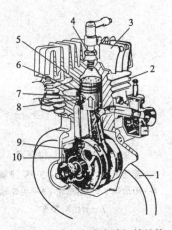

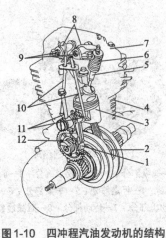

图1-9　二冲程汽油发动机的结构

1—曲轴箱；2—汽缸；3—汽缸盖；
4—火花塞；5—活塞；6—活塞环；
7—活塞销；8—活塞销卡簧；
9—曲轴连杆总成；10—轴承

图1-10　四冲程汽油发动机的结构

1—凸轮；2—曲柄连杆总成；3—活
塞；4—汽缸；5—气门；6—弹簧；
7—汽缸头；8—摇臂；
9—摇臂轴；10—推杆；
11—凸轮轴从动轮；12—凸轮轴齿轮

（二）发动机组成部件简介

1　机体

机体（见图1-9）由曲轴箱（图1-11）、汽缸盖（图1-12）、汽缸头（图1-13）、汽缸体（图1-14）等组成。

图1-11　曲轴箱

图1-12　发动机的汽缸盖（二冲程发动机）

图1-13　四冲程发动机的汽缸头

图1-14　汽缸体

机体的组成及零件作用见表1-5。

表1-5　机体的组成及零件作用

组成零件	零件作用
曲轴箱	曲轴箱的作用是支承和安装整个发动机的其他零部件、承受发动机工作时产生的各种冲击力和扭矩
汽缸体	汽缸体是发动机完成工作循环的场所，也是活塞运动的轨道，它起承受高温高压的作用，由于外表铸有若干散热片，还起散发热量的作用
汽缸盖	汽缸盖的作用是用来封闭汽缸的上盖，与汽缸体及活塞顶部共同构成发动机的燃烧室，汽缸盖上也铸有很多散热片，起散热作用
汽缸头	四冲程汽油发动机设有汽缸头，汽缸头的作用是用来固定进、排气门，与汽缸体及活塞顶部组成燃烧室，外表也铸有散热片，起散热作用

2　曲柄连杆机构

曲柄连杆机构包括活塞组、连杆组、曲轴组。曲柄连杆机构的组成如图1-15所示。曲柄连杆机构零件的作用见表1-6。

表1-6　曲柄连杆机构零件的作用

组成零件	零件作用
活塞组	活塞组的作用是与汽缸盖构成燃烧室，与汽缸体构成汽缸工作容积，承受气体压力并做功。活塞组包括活塞、活塞环、活塞销、活塞销挡圈

续表

组成零件	零件作用
连杆组	连杆组的作用是连接活塞与曲轴，将活塞的直线运动变为曲轴的转动。连杆组包括连杆及连杆大、小头轴承
曲轴组	曲轴组的作用通过连杆将活塞往复运动变为自身的旋转运动，驱动附件并输出功率。由于曲轴组在工作时受拉、压、弯、扭等交变载荷，容易引起疲劳和振动，因此要求它具有足够的强度、刚度与良好的耐磨性及平衡性。曲轴组包括曲轴和飞轮

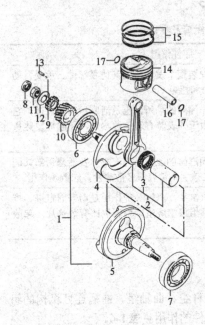

图1-15　曲柄连杆机构

1—曲柄连杆总成；2—连杆组合；3—滚针轴承；4—曲轴右部；5—曲轴左部；6—右轴承；7—左轴承；8—右油封；9—油泵传动齿轮；10—主动齿轮；11—螺母；12—锁紧垫圈；13—键；14—活塞；15—活塞环；16—活塞销；17—挡圈

3　配气系统

　　配气系统的作用是实现发动机汽缸中混合气的更换，即在规定的时间内把新鲜混合气吸入汽缸，并把燃烧后的废气从汽缸中排出。配气系统的组成见表1-7。

表 1-7　配气系统的组成

配气系统	进气系统	空气滤清器	
		化油器	
		进气管（进气歧管）	
		配气机构	气孔式（二冲程发动机采用）
			气门式（四冲程发动机采用）
	排气系统	排气管	
		排气消声器	

4　点火系统

（1）作用。

① 点火系统的作用是及时提供足够强度的电火花，点燃汽缸内的可燃混合气。

② 另外，点火系统不仅保证点火，而且要提供一个良好的点火时机（即点火正时），以保证在汽缸内被压缩的可燃混合气充分地燃烧，使发动机得以正常运转。

（2）组成。点火系统由电源、点火线圈和火花塞等组成，如图 1-16 所示。

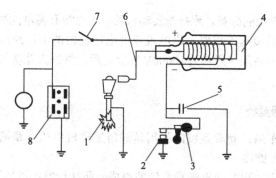

图 1-16　蓄电池点火系统的组成

1—火花塞；2—断电器；3—磁电机；4—点火线圈；5—电容器；

6—高压导线；7—点火开关；8—蓄电池

CDI无触点电子点火系统由电子点火器（也称点火控制器）代替断电器。

磁电机实物如图1-17所示，电子点火器实物如图1-18所示，点火线圈实物如图1-19所示，火花塞实物如图1-20所示。

图1-17　磁电机

图1-18　电子点火器

图1-19　点火线圈

图1-20　火花塞

（3）电源的分类。摩托车发动机的点火电源有蓄电池和磁电机两种，工作原理基本相似。磁电机或蓄电池发出的电，经过点火线圈将低压升为高压（通常为10000V以上）后，供给火花塞打火点燃混合气。

5　润滑系统

（1）作用。润滑系统的作用是润滑发动机中相互摩擦零件的表面，以减小磨损。

（2）四冲程发动机润滑系统的组成。四冲程发动机的润滑系统，由机油箱（图1-21）、机油滤清器（图1-22）、机油泵（图1-23）及油路通道组成。

图 1-21 机油箱

图 1-22 机油滤清器

图 1-23 机油泵

（3）二冲程发动机的润滑方式。

① 分类。二冲程发动机的润滑方式有两种，一种是混合油润滑方式（汽油和机油按一定比例混合）；另一种是分离润滑方式（图1-24）。

② 特点。混合润滑不需要专门的润滑系统，所以这种润滑方式结构简单，工作可靠，使用方便；采用分离润滑的二冲程发动机，其润滑系统由一个润滑油箱和一个润滑油泵（也叫机油泵或点滴泵）组成，润滑油的供给量随发动机的转速而变化，因此降低了润滑油的消耗量，保证可靠润滑。

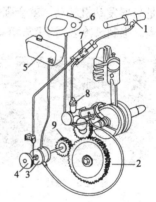

图 1-24 分离润滑系统

1—油门转把；2—减速齿轮；3—润滑油泵；4—联动滑轮；5—润滑油箱；6—汽油箱；7—联动器；8—化油器；9—小齿轮

（4）主要零件特点及分类。

① 油路特点。由于摩托车要求发动机体积小、重量轻，所以润滑系统结构非常紧凑，油路通道几乎不用油管，而是借助于箱体上的孔和沟槽。

② 机油滤清器分类。机油滤清器常采用网式和离心式两种。

③ 机油泵多采用体积较小的转子泵。

6 冷却系统

冷却系统的作用是及时把发动机产生的多余热量散掉，防止发动

机过热。摩托车发动机的冷却方式一般有自然风冷、强制风冷和水冷三种形式。此外，在摩托车赛车中，还有采用油冷的冷却系统。

（1）自然风冷。是靠摩托车行驶中的迎面风来冷却，所以又叫走行风冷。从发动机结构上看，主要是利用散热片散热冷却（图1-25），其实也没有所谓冷却系统。这种冷却方式是早期摩托车的主要冷却方式，现在的大部分摩托车也还采用这种冷却方式。

（2）强制风冷。是靠与曲轴连接的风扇（图1-26）与导风罩将冷却风吹向散热片及机体周围，带走热量来实现冷却。强制风冷的特点就是只要发动机转动，就会强行冷却，而且发动机转速越高，冷却风越大。强制风冷多用于踏板车、三轮车上。

图1-25　散热片

图1-26　摩托车用散热风扇

（3）水冷方式。是在发动机机体上铸有水道，利用发动机的动力带动水泵以驱动水道中的水循环来带走发动机产生的热量。其特点是冷却效果好，发动机噪声低。水冷发动机是由散热器（水箱）、水泵、水套及水管组成，如图1-27所示。水冷缸体与水冷缸盖实物分别如图1-28和图1-29所示。

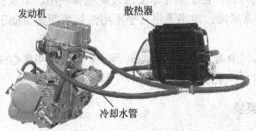

发动机　　散热器

冷却水管

图1-27　水冷发动机的组成

图1-28 水冷缸体

图1-29 水冷缸盖

散热器一般安装在发动机的前面，如图1-30所示。

散热器

图1-30 散热器安装位置

7 燃料供给系统

（1）作用。燃料供给系统的作用是按发动机的工况供给一定成分和数量的可燃混合气。

（2）组成。燃料供给系统由油箱、开关、化油器及其管路等组成，如图1-31所示。

国产的摩托车大部分仍采用化油器式，国外一些高级摩托车当中有的已经采用燃油喷射系统代替化油器工作。燃油喷射系统由于采用的是智能控制，无论从性能、节油还是排放污染方面都优于化油器形式的发动机。

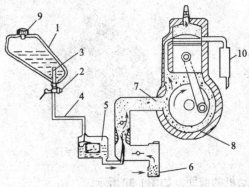

图1-31 燃油供给系统简图

1—油箱；2—油箱开关；3—燃油滤清器；4—输油管；5—化油器；6—空气滤清器；7—进气阀片；8—曲轴箱；9—油箱盖；10—消声器

二、传动系统

传动系统的作用是把发动机产生的动力传递到后轮，以驱动传动系统。

1 离合器

（1）安装位置。离合器安装在发动机曲轴与变速器之间。

（2）作用。离合器的作用是及时可靠地切断和接合发动机到变速器的动力传送。

（3）分类。摩托车的离合器有干式离心式、湿式多片式和自动离合等几种形式。典型摩托车离合器结构如图1-32所示。

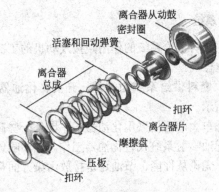

图1-32 典型摩托车离合器

2 变速器

（1）作用。

① 变速器的作用是改变摩托车的转速和扭矩，使摩托车具有合适的牵引力和速度，以适应经常变化的行驶条件，使发动机在功率发挥得最好而燃油消耗最节省的状态下工作。

② 变速器还有使发动机运转而不把动力传递给末级传动的空运转状态，我们习惯称这种状态为变速器的"空挡"，便于发动机启动和使发动机作单独运转。

（2）安装位置。变速器一般都安装在离合器的后面，末级传动的前面，经过一定速比变化可得几种不同的速度，增大扭矩将动力输出。

（3）分类。摩托车变速器有有级变速器和无级变速器之分。

① 摩托车的无级变速主要采用末级V带传动，利用传动带随转速变化改变传动比的特性来实现无级变速。

② 摩托车的有级变速大部分都是通过齿轮的传动获得的。

摩托车变速器的结构如图1-33所示。

图1-33 变速器结构

三、操控系统

操控系统是使摩托车启动、行驶、转向、制动、灯光及信号装置工作而专门设置的机构。

（1）组成。操控系统主要由转向装置、制动装置、车（手）把总成、减压阀操纵装置、油门操纵装置、前后制动器操纵装置及电器开关操纵装置等机构组成。图1-34所示为车把和操纵装置简图。

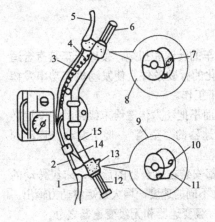

图1-34　车把和操纵装置

1—离合器把手；2—离合器操纵钢索；3—前制动操纵钢索；4—节气门操纵钢索；5—前制动把手；6—油门转把；7—转向信号开关；8—右把手开关；9—左把手开关；10—变光开关；11—喇叭按钮；12—左把手；13—启动阀门把手；14—启动阀门操纵钢索；15—车把

（2）特点。摩托车的操控系统尽管不同的车型稍有不同，但大部分都差不多。一般国产摩托车操控系统的设置如下。

① 启动踏杆位于发动机右侧。

② 变速踏板位于发动机的左侧。

③ 离合器操纵把设置在方向把的左手把上。

④ 油门转把设置在右手把上。

⑤ 前制动把位于方向把右手端。

⑥ 后制动踏板位于发动机的右侧等。

四、行走系统

1　作用

（1）行走系统是摩托车的躯干，它不但承受摩托车本身及负载的全部重量，而且通过它把摩托车的零部件集合成一个整体，使摩托车可以正常运行和停放。

（2）它把发动机经过传动装置输出的扭矩变成使摩托车前进的牵引力，使摩托车在不同的路面上可以平稳地行驶，并有一定的行驶速度和通过能力。

2 组成

行走系统由悬挂部分（前减震器和后减震器）、车轮部分（前轮和后轮）、车体部分组成。

车体是摩托车的骨架，它主要由车架、油箱、平叉、座垫、支架、前后挡泥板及其他附件。典型车架如图1-35所示。

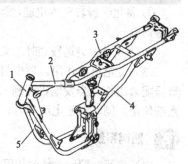

图1-35 托架形车架
1—车头管；2—主梁管；3—尾架管；
4—后撑管；5—下梁管

五、电气设备

（一）作用

摩托车电气仪表系统的作用如下。

（1）点燃可燃混合气使发动机正常运转。

（2）提供灯光照明。

（3）发出各种声、光信号。

（4）保证摩托车行驶的安全性和可靠性。

（二）组成

电气仪表部分包括电源系统、照明系统、信号系统及仪表装置等。

1 电源系统

（1）组成。电源系统由蓄电池、发电机组成。蓄电池如图1-36所示。

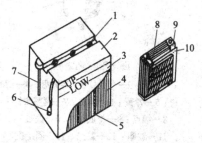

图1-36 蓄电池
1—加液孔盖；2—电池盖；3—电池槽；4—极板组；5—电池槽间壁；6—接线插座；7—排气管；8—负极板；9—正极板；10—隔板

（2）蓄电池的作用。

① 将化学能转变为电能，当发动机低速运转或不工作时，向用电设备供电。

② 当发动机转速较高时，又可将发电机发出的多余电能储存起来。

（3）发电机的作用。发电机的作用是将机械能变为电能。它与调节器配合工作，当发电机达到一定转速后，输出电流，供照明和信号系统使用，同时对蓄电池充电。

2 照明系统

（1）作用。照明系统的作用是当摩托车夜间行驶时提供灯光照明。

（2）组成。照明系统主要包括前大灯、尾灯及仪表照明灯。前大灯如图1-37所示。

3 信号系统

（1）作用。信号系统的作用是发出各种声光信号，以保证驾驶员正确操纵和引起行人及其他车辆的注意，确保行驶安全。

（2）组成。信号系统主要由转向灯、停车灯、电喇叭及各种指示灯等组成。电喇叭如图1-38所示。

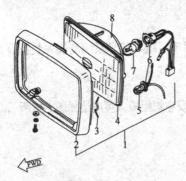

图1-37　前大灯

1—大灯总成；2—灯圈；3—卡簧；
4—散光镜；5—会车灯泡；6—灯泡座；
7—灯泡；8—反光镜

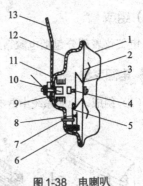

图1-38　电喇叭

1—面罩；2—膜片；3—共振盘；4—衔铁；5—弹簧；6—插片；7—调整螺钉；8—触点；9—橡胶垫；10—铁芯；11—线圈；12—盆壳；13—固定板

4　仪表装置

（1）组成。摩托车上的仪表装置主要有车速里程表、发动机转速表和燃油表等。车速里程表如图1-39所示。

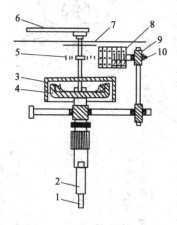

图1-39　速度里程表

1—软轴；2—软管；3—感应盘；4—永久磁铁；5—游丝；6—指针；7—表盘；8—计数器；9—蜗杆；10—蜗轮

（2）作用。

① 车速里程表用于指示行驶车速和累计里程。

② 发动机转速表则可随时显示发动机的转速。

③ 燃油表则能随时表明油箱中燃油的储存量。

第三节　工具与量具

一、工具

（一）常用工具

1　钳子

摩托车维修作业中常用的钳子有鲤鱼钳、钢丝钳、尖嘴钳和弯嘴钳、断线钳、卡环钳和多用钳等，种类与用途及使用注意事项见表1-8。钳子的规格一般以钳身长度来表示。

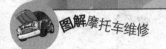

表1-8 钳子的种类与用途及使用注意事项

名称	图片	规格	用途、用法	注意事项
鲤鱼钳		按长度通常分为150mm、200mm、250mm三种	鲤鱼钳可用来切割金属丝、弯扭小型金属棒料、夹持扁的或圆柱形小工件	① 钳子的规格应与工件规格相适应，以免钳子小工件大造成钳子受力过大而损坏 ② 使用前应先擦净钳子柄上的油污，以免工作时滑脱而导致事故 ③ 使用完后应保持清洁，及时擦净 ④ 严禁用钳子代替扳手拧紧或拧松螺栓、螺母等带棱角的工件，以免损坏螺栓、螺母等工件的棱角
尖嘴钳		按长度分为130mm、160mm、180mm、200mm四种	该种钳能在较狭窄小的工件空间操作，不带刃口只能夹持工件，带刃口的能切剪细小零件，是修理仪表及电讯器材的常用工具	
弯嘴钳		按长度分为130mm、160mm、180mm、200mm四种		
钢丝钳		按长度分为150mm、175mm、200mm三种	钢丝钳上带有旁刃口，除能夹持工件外，还能折断金属薄板以及切断直径较小的金属线。钳柄上套有橡胶绝缘套的钢丝钳多在带电的场合使用	
外卡环钳		—	卡环钳专门用于拆装带有拆装孔的弹性挡圈	

续表

名称	图片	规格	用途、用法	注意事项
内卡环钳		—	卡环钳专门用于拆装带有拆装孔的弹性挡圈	⑤使用时，不允许用钳子切割过硬的金属丝，以免造成刃口损坏或钳体损坏
特种卡环钳				
断线钳		常用的有750mm、900mm两种规格	断线钳能比较省力地剪断较粗的金属线材	⑥使用时，不允许用钳柄代替撬棒撬物体，以免造成钳柄弯曲、折断或损坏，也不可以用钳子代替锤子敲击零件
多用钳		—	多用钳利用一组复合杠杆能产生很大夹紧力，兼有活动扳手、普通手钳和夹具的功能	

2 螺钉旋具

螺钉旋具的种类、用途及注意事项见表1-9。

表1-9 螺钉旋具的种类、用途及注意事项

名称	图片	规格	用途、用法	注意事项
一字旋具		常以钢杆部分的长度来区分，其常用的规格有50mm、75mm、125mm、150mm等	主要用于拆装一字槽的螺钉、木螺钉等	① 旋具有木柄和塑料柄之分，塑料柄具有一定的绝缘性，适宜电工使用 ② 使用前应先擦净旋具柄和口端的油污以免工作时滑脱而发生意外 ③ 选用的旋具口端应与螺栓（钉）上的槽口相吻合 若旋具口端太薄易折断，太厚不能完全嵌入槽口内，而易使旋具口和螺栓（钉）槽口损坏

续表

名称	图片	规格	用途、用法	注意事项
十字旋具		按十字口的直径可分为 2～2.5mm, 3～5mm, 5.5～8mm, 10～12mm 四种规格	专用于拆装十字槽口的螺钉	④ 使用时，不允许将工件拿在手上用旋具拆装螺栓（钉），以免旋具从槽口中滑出伤手 ⑤ 使用时，不可用旋具当撬棒或凿子使用，不允许用锤子敲击旋具柄 ⑥ 不允许用扳手或钳子扳转旋具口端的方法来增大扭力，以免使旋具发生弯曲或扭曲变形 ⑦ 正确的握持方法应以右手握持旋具，手心抵住旋具柄端，让旋具口端与螺钉（钉）槽口处于垂直吻合状态。当开始拧松或拧紧螺钉时，应用力将旋具压紧后再用手腕力按需要的力矩扭转旋具。当螺栓（钉）松动后，即可使手心轻压住旋具柄，用拇指、中指和食指快速转动旋具柄，左手握较长的螺钉旋具时，可用右手压紧和转动旋具柄，在旋具柄中部，防止旋具滑脱，以保证安全工作 ⑧ 使用完毕，应将旋具擦拭干净
花键头旋具		一	是一种使用简便的旋具与较高夹紧力的套筒相结合的工具。适用于在空间受到限制的安装位置处，拆装螺母或螺钉	

3 锤子

锤子的种类、用途及注意事项见表1-10。

表1-10 锤子的种类、用途及注意事项

名称	图片	规格	用途、用法	注意事项
钢制圆头锤		钢制圆头锤和横头锤的规格是以锤头的质量来规定的，常用的有0.25kg、0.5kg、0.75kg、1kg、1.25kg和1.5kg六种	拆装较硬组合件时使用	① 使用前，必须检查锤柄是否安装牢固，如松动应重新安装，以防在使用时由于锤头脱出而发生伤人或损物事故 ② 使用时，应将手上和锤柄上的汗水和油污擦干净，以免锤子从手中滑脱而发生伤人或损物事故 ③ 使用时，手要握住锤柄后端，握柄时手的握持力要松紧适度，这样才能保证锤击的灵活自如，锤击时要靠手腕的运动，眼应注视工件，才能使锤面平整地打在工件上，和工件锤击面应平行，不能有如下图中所示的操作方法 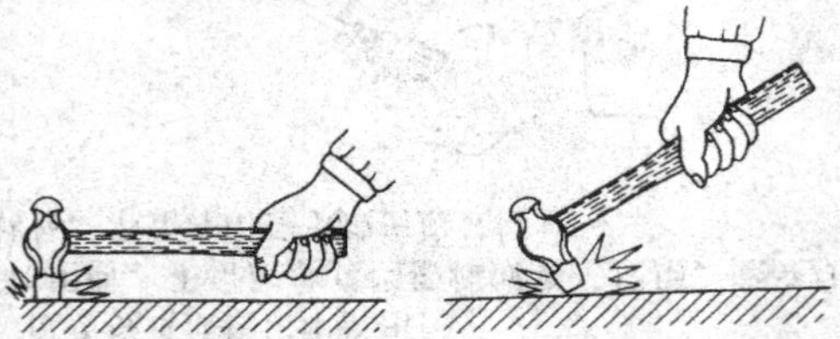
横头锤	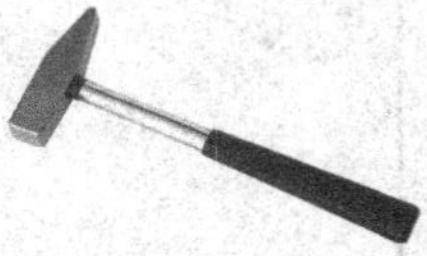		维修板金等用力不大的零件	
软面锤		常用的有塑料、皮革、木质和黄铜软面锤	软面锤一般用于过盈配合的组合件的拆装，当敲开或压紧组合件时，使用软面锤不会使零件产生损坏	④ 使用前，应清洁锤头工作面上的油污，以锤击时发生滑脱而敲偏、损坏工件或发生意外 ⑤ 在锤击铸铁等脆性工件和截面较薄的零件或悬空未垫实的工件时，不能用力太猛，以免损坏工件 ⑥ 使用完毕，应将锤子擦拭干净

4 扳手

扳手的种类、用途及注意事项见表1-11。

表1-11 扳手的种类、用途及注意事项

工具名称	图片	规格	用途、用法	注意事项
开口扳手（双头）		常用的有6件套、8件套两种，适用范围为6~24mm。按其结构形式可分为双头扳手和单头扳手两种；按其开口角度又可分为15°、45°、90°三种	这种扳手主要用于拆装标准规格的螺栓或螺母。使用时一般可以上、下套入或接插入，具有使用方便的特点	①使用时：一定要选择与所拆装螺栓（螺母）相同规格的扳手 不要使用尺寸过大的扳手，以免因扳手尺寸过大而损坏螺栓（螺母）的棱角 ②当使用推力拆装时，应用手掌入或推动 不能采用手握推的方式，以免碰伤手指 不能采用两个扳手对接或用套筒等套接的方式来加长扳手，以免损坏扳手或发生事故

续表

工具名称	图片	规格	用途 用法	注意事项
梅花扳手		常用的有6件套、8件套两种，适用范围为5.5～27mm	梅花扳手两端被套筒式圆部分或全部围住，从而保证工作的安全可靠性。其用途与开口扳手相似，具有更安全可靠的特点	使用注意事项与开口扳手相同
套筒扳手	套筒头 套筒头手柄 长接杆 棘轮扳手	套筒扳手是一种组合型工具，使用时由几件共同组合成一扳手。常用的套筒扳手有13件套、17件套和24件套等等多种规格	套筒扳手适合拆装部位狭小、特别隐蔽的螺栓或螺母。其套筒部分与梅花扳手的端头相似，并根据成本不同规格的套筒和各种手柄进行组合。如活动手柄可以调整所需力臂；棘轮扳手用于快速拆装螺栓、螺母。有的扳手同时还能配用扭力扳手显示扭紧力矩，具有功能多、使用方便、安全可靠等的特点	使用时一定要选择与所拆装螺栓（螺母）相同规格的扳手

续表

工具名称	图片	规格	用途、用法	注意事项
活扳手		活扳手的开口端根据需要可以在一定范围内进行调节	主要用于拆装不规则的带有棱角的螺栓或螺母	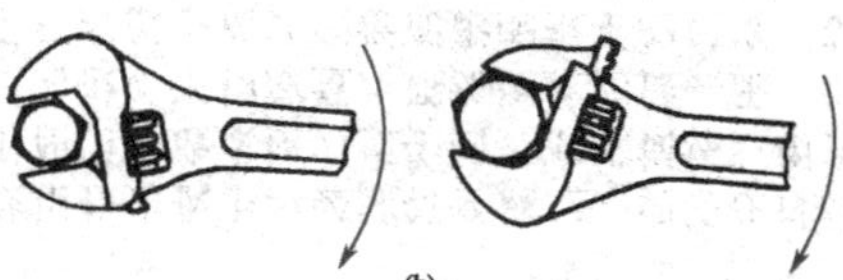 使用时必须将活动钳口的开口尺寸调整合适，用力要均匀，以免损坏扳手或使螺栓、螺母的棱角变形，造成打滑而发生事故。应使扳手的活动钳口承受推力，固定钳口承受拉力，正确的使用如图 (a) 所示；错误的使用如图 (b) 所示 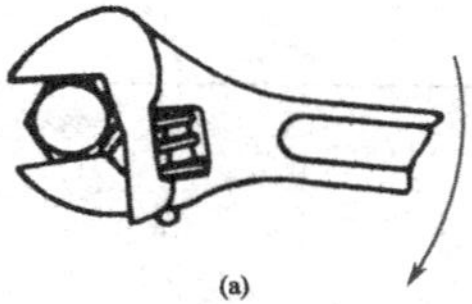
管子扳手		管子扳手的开口端需要在一定范围内进行调节	是一种专门用于扭转管子、圆棒以及用其他扳手难以夹持、扭转光滑的圆柱形工件的工具	由于管子扳手的钳口上有齿槽，使用时应尽量避免将工件表面咬毛；另外不能用管子扳手代替其他扳手来旋转螺栓、螺母或其他带有棱角的工件等，以免损坏螺栓、螺母等棱角

续表

工具名称	图片	规格	用途、用法	注意事项
扭力扳手		是一种与套筒配合使用的套筒中的套筒扳手,能显示扭转力矩的专用工具。用扭力扳手拧紧螺栓或螺母时,其转矩的大小能及时指示出来,扭矩的单位是 N·m。摩托车维护中常用扭力扳手的规格为 $0 \sim 300$N·m	在维修作业中,凡是有扭紧力矩要求的螺栓或螺母,均需用扭力扳手将螺栓或螺母拧紧到规定力矩	使用扭力扳手,必须符合规定,切忌在过载情况下使用而造成扭力扳手的失准或损坏。用完应将扭力扳手平稳放置,避免因重物撞、压,造成扳手杆或扳手指针变形而影响扳手的精度,甚至损坏扳手
专用扳手 内六角扳手		一般是不同规格的成套工具	用于扭转内六角头部的螺栓	—
专用扳手 气门芯扳手		—	用于拆装轮胎气门芯	—

5 其他常用工具

其他常用工具的种类、用途及注意事项见表1-12。

表1-12 其他常用工具的种类、用途及注意事项

名称	图片	规格	用途、用法	注意事项
铲刀		—	铲除积炭、油泥等杂物	—
钢丝刷		—	用钢丝刷清除零件表面的油污等杂物	钢丝刷的硬度较大，如果用于清洗相关零件时，容易给表面造成磨损或者划伤。因此，使用时用力不可过大
镊子		150mm	用镊子夹取细小的零件等。使用时，用拇指和食指夹住镊子，使镊子后柄位于掌心，视需要而加上中指	注意不要太用力，以避免手发抖
冲子		冲子通常以几种尺寸配成套，每套3～5只	冲子可以用于冲出直的或有锥度的销钉	①销钉移动或被部分从孔中冲出后，冲子就不要再继续使用了 ②所选用的圆凿和与孔眼相匹配的尖冲头的尺寸要尽可能大，使用时注意，绝不能使用尖冲头开始冲销钉。因为其冲头较细，不能承受较大的冲击负荷。否则，冲柄就会弯曲或折断 ③因为有的冲头较尖，在硬金属上一般不得使用冲子

名称	图片	规格	用途、用法	注意事项
錾子		160mm×13mm，150mm×3mm（长×錾口宽）	錾子是一种靠锤子敲击来对金属工件进行切削加工，可以除去毛坯的飞边、毛刺，浇冒口、切割板料、条料，开槽以及对金属表面进行粗加工等的工具	①使用时应防止锤头飞出 ②使用时应及时磨掉錾子头部的毛刺 ③操作者应戴上防护眼镜，工作地周围应装有安全网 ④经常对錾子进行刃磨，保持正确的后角，錾削时防止錾子滑出工件表面
油石	 扁平细锉	100mm×25mm×13mm	油石是供手工研磨使用的一种磨具，广泛用于手工修磨各种工具、模具和零件	油石比较容易断，使用时应注意
锉刀	扁平细锉	150mm（锉身长度）	锉刀是用来锉削金属板、金属棒工具、塑料板等各种材料的一种工具。最典型的钢锉锉的使用方法如图所示，右手握住锉柄，用力方向与锉的方向一致，左手握住锉头处。锉削的方向与工件成45°角，还要保持锉成水平状态 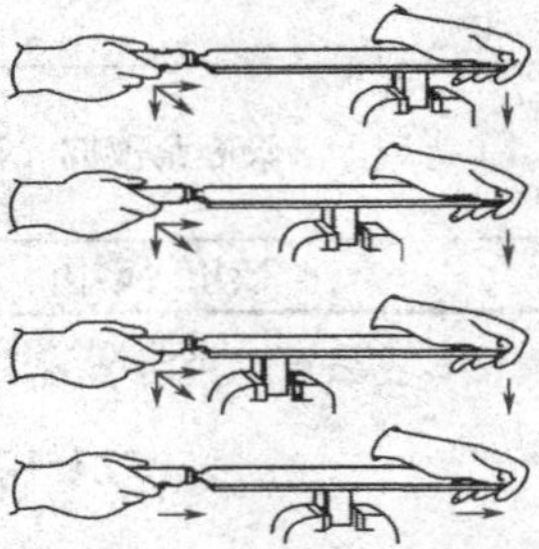	不同的加工对象，选择不同的锉刀
	 什锦锉	一		

（二）专用工具

（1）专用套筒扳手如图1-40所示，用于拆装磁电机飞轮螺母。

（2）飞轮夹持器如图1-41所示，拆卸飞轮时，用于固定飞轮。

（3）离合器夹持器如图1-42所示，拆卸离合器时，用于固定离合器。

图1-40 专用套筒扳手

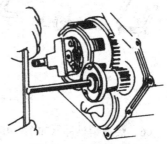

图1-42 离合器夹持器

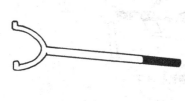

(a) 外形

(b) 使用方法

图1-41 飞轮夹持器

（4）磁电机飞轮拔出器如图1-43所示，用于拆卸磁电机飞轮。

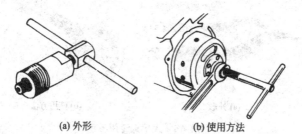

(a) 外形   (b) 使用方法

图1-43 磁电机飞轮拔出器

（5）气门拆装钳如图1-44所示，用于拆装气门。

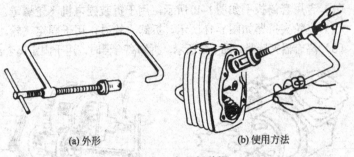

(a) 外形　　　　　　　　　　　(b) 使用方法

图1-44　气门拆装钳

（6）活塞销拆卸器如图1-45所示，用于拆装活塞销。

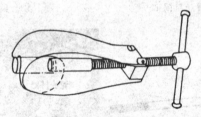

图1-45　活塞销拆卸器

（7）大螺母专用扳手如图1-46所示，用于拆装大螺母。

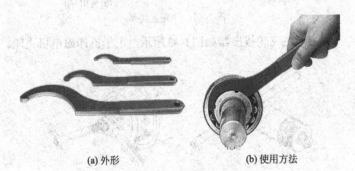

(a) 外形　　　　　　　　　　　(b) 使用方法

图1-46　大螺母专用扳手

（8）冒孔轴承拆卸工具如图1-47所示。

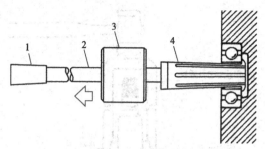

图1-47　冒孔轴承拆卸工具

1—手柄；2—轴；3—拆卸工具重锤；4—轴承拆卸工具

（9）车轮轴承拆卸工具如图1-48所示，用于拆卸车轮轴承。

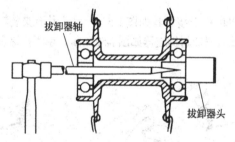

拔卸器轴

拔卸器头

图1-48　车轮轴承拆卸工具

（10）车轮轴承安装工具如图1-49所示，用于安装车轮轴承。

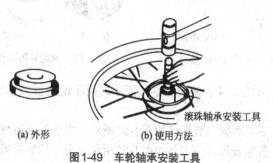

滚珠轴承安装工具

(a) 外形　　　　　　　　(b) 使用方法

图1-49　车轮轴承安装工具

（11）轴承安装工具如图1-50所示，用于安装相关轴承。

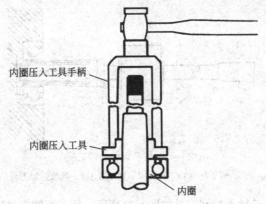

内圈压入工具手柄

内圈压入工具

内圈

图1-50　轴承安装工具

（12）转向轴承安装工具如图1-51所示，用于安装转向轴承。

（13）前减震器油封拆装器如图1-52所示，用于拆装前减震器油封。

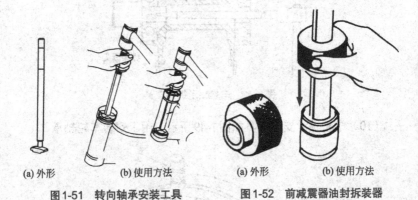

(a) 外形　　　　(b) 使用方法　　　　(a) 外形　　　　(b) 使用方法

图1-51　转向轴承安装工具　　　　图1-52　前减震器油封拆装器

（14）拆装工具手柄如图1-53所示，用于配合拆装零件时的专用工具。

（15）后减震器拆装工具如图1-54所示，用于拆装后减震器。

（16）前减震器拆装工具如图1-55所示，用于拆装前减震器。

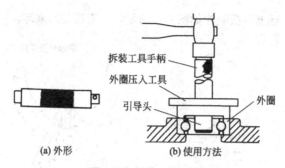

(a) 外形   (b) 使用方法

图1-53　拆装工具手柄

(a) 外形　　(b) 使用方法

图1-54　后减震器拆装工具

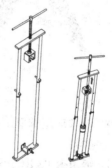

(a) 外形　(b) 使用方法

图1-55　前减震器拆装工具

（17）气门导管铰刀如图1-56所示，用于铰削气门导管。

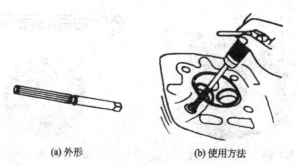

(a) 外形   (b) 使用方法

图1-56　气门导管铰刀

（18）活塞环拆装钳如图1-57所示，用于拆装活塞环。

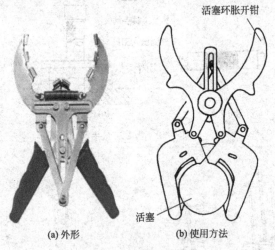

活塞环胀开钳

活塞

(a) 外形　　　　　　　(b) 使用方法

图1-57　活塞环拆装钳

（19）活塞环压缩器。安装活塞环时，也可以用如图1-58所示的活塞环压缩器。

（20）辐条扳手如图1-59所示，用于调整车轮辐条的松紧度。

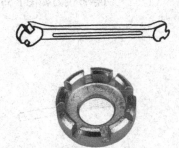

图1-58　活塞环压缩器　　　　　**图1-59　辐条扳手**

（21）火花塞套筒扳手如图1-60所示，用于拆装火花塞。

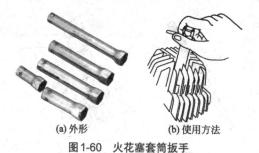

(a) 外形　　　　(b) 使用方法

图1-60　火花塞套筒扳手

（22）曲轴箱拆卸工具如图1-61所示，用于拆卸曲轴箱。

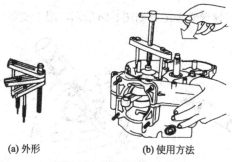

(a) 外形　　　　(b) 使用方法

图1-61　曲轴箱拆卸工具

（23）重块如图1-62所示，用于拆卸相关零件。

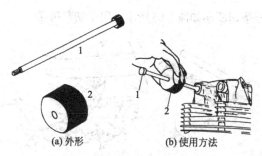

(a) 外形　　　　(b) 使用方法

图1-62　重块

1—连接杆；2—重块

（24）气门导管拆卸工具如图1-63所示，用于拆卸气门导管。

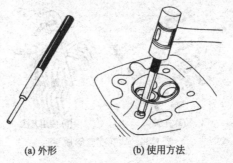

(a) 外形　　　　　　　　(b) 使用方法

图1-63　气门导管拆卸工具

（25）气门导管安装工具如图1-64所示，用于安装气门导管。

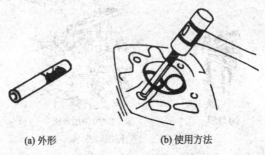

(a) 外形　　　　　　　　(b) 使用方法

图1-64　气门导管安装工具

（26）链条切断器如图1-65所示，用于切断链条。

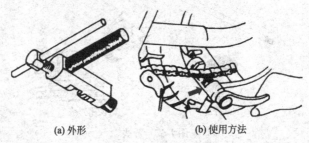

(a) 外形　　　　　　　　(b) 使用方法

图1-65　链条切断器

（27）气门间隙调整工具如图1-66所示，用于调整气门间隙。

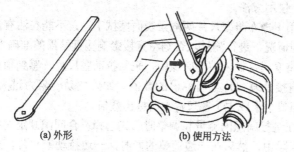

(a) 外形　　　　　　　(b) 使用方法

图1-66　气门间隙调整工具

（28）扳杠如图1-67所示，用于拆卸相关零件。

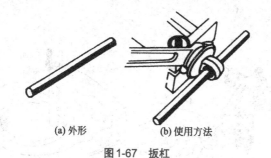

(a) 外形　　　　　(b) 使用方法

图1-67　扳杠

二、量具

1　塞尺

（1）用途　如图1-68所示，塞尺是一种由多片不同厚度的标准钢片所组成的测量工具，每片钢片有平行的两个测量平面，并在钢片上标出其厚度值。主要用于两个接合面之间的间隙值的检验。使用时，

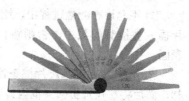

图1-68　塞尺

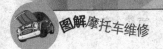

可以用一片进行测量，也可以由多片组合在一起进行测量。

（2）使用方法。

① 用干净布将塞尺片两测量表面擦拭干净，不能在沾有油污或金属屑末的情况下进行测量，否则将直接影响测量结果的准确性。

② 将塞尺片插入被测间隙中，来回拉动塞尺片，感到稍有阻力则该间隙值接近塞尺片上所标出的数值。如果拉动时阻力过大或过小，则该间隙值小于或大于塞尺片上所标出数值。

③ 在进行间隙的测量和调整时，先选择符合间隙规定的塞尺，插入被测间隙中，然后在一边调整的同时，一边拉动塞尺片，直到感觉稍有阻力时为合适，这时即可拧紧锁紧螺母。图1-69所示为塞尺使用实例。

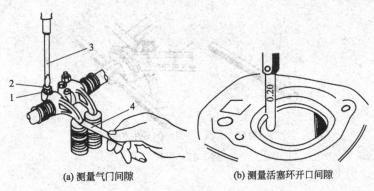

(a) 测量气门间隙   (b) 测量活塞环开口间隙

1—锁紧螺母；2—调整螺栓；3—旋具；4—塞尺

图1-69 塞尺的使用

（3）使用注意事项。

① 不允许在测量过程中，剧烈折塞尺片，或用较大的力硬将塞尺片插入被检测间隙中，否则将损坏（伤）塞尺片的测量表面或零件表面。

② 用毕，应将塞尺片擦干净，并涂上一薄层润滑油或工业凡士林，然后将塞尺片折回夹框内，以防锈蚀、变曲、变形而损坏。

③ 存放时，不能放在重物以下以免损坏塞尺。

2 **游标卡尺**

（1）用途：游标卡尺是一种能直接测量零件内外直径、宽度、长度或深度的量具。

（2）种类：按照测量功能可以分为普通游标卡尺、深度游标卡尺、带表卡尺等；按照读数值可以分为0.01mm、0.02mm等几种，如图1-70所示。

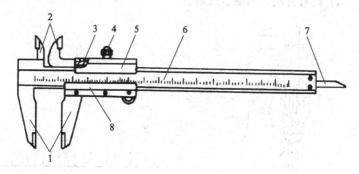

图1-70　游标卡尺

1—外量爪；2—内量爪；3—弹簧片；4—紧固螺钉；5—尺框；

6—尺身（主尺）；7—深度尺；8—游标

（3）使用方法。

① 使用前，先将零件被测表面和卡脚接触表面擦干净。

② 测量零件外径时，将活动量爪向外移动，使两量爪间距大于零件外径，然后再慢慢地移动游标，使两量爪与零件接触，切忌硬卡硬拉，以免影响游标卡尺的精度和读数的准确性。

③ 测量零件内径时，将活动量爪向内移动，使两量爪间距小于零件内径，然后再缓慢地向外移动游标，使两量爪与零件接触，如图1-71所示。

④ 测量时，应使游标卡尺与零件垂直，固定锁紧螺钉。测外径时，记下最

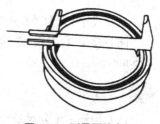

图1-71　测量零件内径

小尺寸，测内径时，记下最大尺寸。

⑤ 用深度游标卡尺测量零件深度时，将固定量爪与零件被测表面平整接触，然后缓慢地移动游标，使量爪与零件接触。移动力不宜过大，以免硬压游标而影响测量精度和读数的准确性，如图1-72所示。

⑥ 用毕，应将游标卡尺擦拭干净，并涂一薄层工业凡士林，放入盒内存放，切忌折、重压。

（4）读数方法，如图1-73所示。

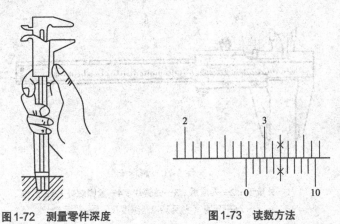

图1-72　测量零件深度　　　　　　图1-73　读数方法

① 读出游标零刻线所指示尺身上左边刻线的毫米数。

② 观察游标上零刻线右边第几条刻线与尺身某一刻线对准，将读数乘以游标上的格数，即为毫米小数值；

③ 将尺身上整数和游标上的小数值相加即得被测零件的尺寸。计算公式如下。

零件尺寸=尺身整数+游标读数值×精确度。

图1-72中的（精确度为0.01mm）读数值2.7mm+5×0.01mm=2.75mm。

3　千分尺

（1）用途：千分尺是一种用于测量加工精度要求较高部位的精密量具，其测量精度可达到0.01mm。

（2）种类：按照测量范围可以分为0～25mm、25～50mm、50～75mm、75～100mm、100～125mm等多种不同规格，但每一种千分尺的测量范围均为25mm，其结构如图1-74所示。

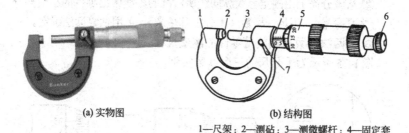

(a) 实物图　　　　　　　　　(b) 结构图

1—尺架；2—测砧；3—测微螺杆；4—固定套筒；5—微分筒；6—测力装置；7—锁紧装置

图1-74　千分尺

（3）千分尺误差检查。

① 把千分尺砧端表面擦拭干净。

② 旋转棘轮盘，使两个砧端先靠拢，直到棘轮发出2～3响"咔咔"声响，这时检视指示值。

③ 微分筒前端应与固定套筒的"0"线对齐。

④ 微分筒的"0"线与固定套筒的基线对齐。

⑤ 若两者中有一个"0"线不能对齐，则该千分尺有误差，应予检调后才能测量。

（4）使用方法。

① 将零件被测表面擦拭干净，并置于千分尺两砧端之间，使千分尺螺杆轴线与零件中心线垂直或平行，若歪斜着测量，则直接影响到测量的准确性。

② 旋转旋钮，使砧端与零件测量表面接近，这时改用旋转棘轮盘，直到棘轮发出"咔咔"声响时为止，这时的指示数值就是所测量到的零件尺寸。

③ 测量完毕，必须倒转微分筒后才能取下千分尺。

用毕，应将千分尺擦拭干净，保持清洁，并涂抹一薄层工业凡士林，然后放入盒内保存。禁止重压、弯曲千分尺，且两砧端不得接

触,以免影响千分尺精度。

（5）读数方法。

① 从固定套筒上露出的刻线读出零件的毫米整数和半毫米整数。

② 从微分筒上由固定套筒纵向线所对准的刻线读出零件的小数部分（百分之几毫米）、不足一格数（千分之几毫米），可用估算读法确定。

③ 将两次读数相加就是零件的测量尺寸。

图1-75所示为千分尺的三个读数实例。

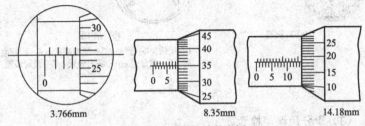

3.766mm   8.35mm   14.18mm

图1-75　千分尺读数实例

4　百分表

（1）用途：百分表是一种比较性测量仪器，如图1-76所示，主要用于测定零件的偏差值、零件平面度、直线度、跳动量、汽缸圆度、圆柱度误差以及配合间隙等。

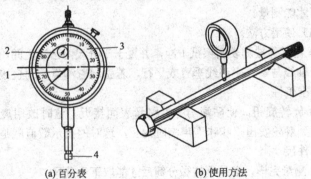

(a) 百分表　　　　　　(b) 使用方法

1—大指针；2—小指针；3—表盘；4—测头

图1-76　百分表

（2）读数方法：百分表的表盘刻度一般分为100格，当测头每移动0.01mm时，大指针就偏转1格（表示0.01mm）；当大指针超过1圈时，小指针偏转1格（表示1mm）；指针的偏转量就是被测零件的实际偏差或间隙值。

（3）使用方法。

① 先将百分表固定在表架（支架）上，以测杆端测头抵住被测零件表面，并使量头产生一定位移（即指针存在一个预偏转值）。

② 移动被测零件，同时观察百分表表盘上指针的偏转量，该偏转量即被测物体的偏差尺寸或间隙值。

（4）使用注意事项。

① 测杆轴线应与被测零件表面垂直。

② 百分表用毕，应解除所有的负荷，用干净布将表面拭干净，并在容易生锈的金属表面涂抹一薄层工业凡士林，水平地放置盒内，严禁重压。

5　内径百分表（量缸表）

（1）用途：内径百分表又称量缸表，如图1-77所示，是一种用于测量孔径的比较性量具，在摩托车维修中，主要用于测量发动机汽缸和轴承座孔的圆度、圆柱度误差或零件磨损情况。

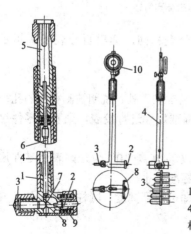

图1-77　内径百分表

1—三通管；2—活动量杆；3—固定量杆；4—表管；5—插口；6—活动杆；7—杠杆；8—活动套；9—弹簧；10—百分表

（2）构造：由百分表、表杆、表杆座、活动测杆（测头）、支撑架和一套长度不等的接杆等组成。

（3）使用方法。

① 用手拿住绝热套（图1-78所示），另一只手尽量托住表杆下部，轻轻摆动表杆，使内径百分表测杆与汽缸轴线垂直，可通过观察百分表指针摆动情况来判断，当表针指示到最小数值时，即表示测杆已垂直于汽缸轴线。

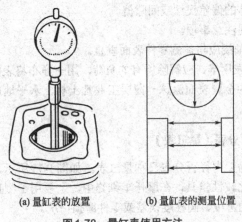

(a) 量缸表的放置　　　(b) 量缸表的测量位置

图1-78　量缸表使用方法

② 内径百分表读数方法与百分表相同，读出百分表表头指示数值。

③ 确定零件尺寸。

a.如果百分表头的大指针正好指在"0"处，说明被测零件的孔径（缸径）与其校表尺寸相等，若以标准尺寸进行校表，则表示零件尺寸与标准尺寸相同。

b.如果百分表头大指针顺时针方向转离"0"位，则表示零件尺寸小于标准尺寸，反之则表示大于标准尺寸。

c.通过对不同测量点的测量，即可得到圆度、圆柱度的误差量或零件的磨损情况。

6 汽缸压力表

汽缸压力表如图1-79所示，用于测量汽缸的压缩压力。

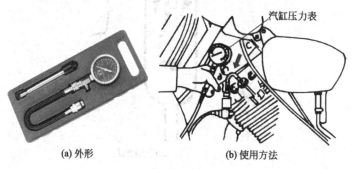

汽缸压力表

(a) 外形　　　　　　　　　(b) 使用方法

图1-79　汽缸压力表

7 万用表

万用表如图1-80所示，用于测量电阻、电压、电流。

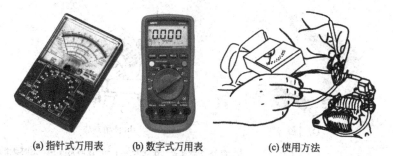

(a) 指针式万用表　　(b) 数字式万用表　　(c) 使用方法

图1-80　万用表

8 电解液密度计

电解液密度计如图1-81所示，用于测量蓄电池电解液的密度。

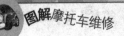
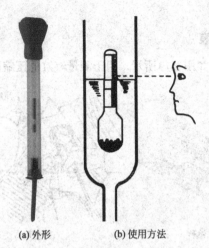

(a) 外形   (b) 使用方法

图1-81　电解液密度计

9　正时灯

正时灯如图1-82所示，用于测量点火时间。

(a) 外形   (b) 使用方法

1—高压导线；2—导线夹头；3—正时灯；4—正时刻线

图1-82　正时灯

10　感应式转速表

感应式转速表如图1-83所示，用于测量发动机的转速。

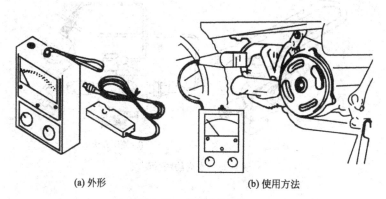

(a) 外形   (b) 使用方法

图1-83 感应式转速表

11 燃油液位计

燃油液位计如图1-84所示，用于测量油位高低。

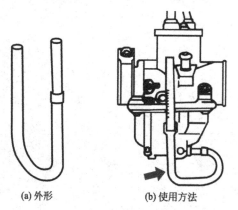

(a) 外形   (b) 使用方法

图1-84 燃油液位计

12 点火线圈检测仪

点火线圈检测仪如图1-85所示，用于检测点火线圈高压电的输出。

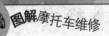

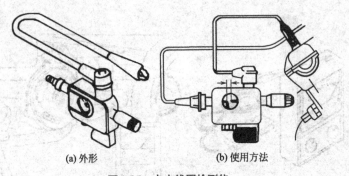

(a) 外形　　　　　　(b) 使用方法

图1-85　点火线圈检测仪

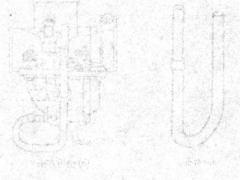

第二章
发动机的维修

第一节　发动机零部件拆装

一、发动机拆装注意事项

1　拆卸发动机时应注意的事项

（1）拆卸的零部件，特别是发动机分解时，一定要按拆卸的顺序清洗干净，分别放置在清洁的盘子里，以便在组装时能准确而迅速地进行工作。

（2）对易生锈的加工表面应及时涂上润滑油，对拆卸零件需要存放时间长时，应少量涂些油脂封严包装，以防零件锈蚀。

小提示

对加工表面和配合偶件严禁直接使用铁锤子等金属工具敲打。必要时，可用橡胶锤敲打。

2 组装发动机时应注意的事项

（1）在发动机组装前，应将所有的零部件都清洗干净。各种经过修理的零部件应按技术要求检查合格后，方可进行组装。

（2）安装曲轴箱轴承时，应使用加热器对曲轴箱轴承孔周围进行加热。

（3）所有配合的零件表面在装配前，应涂抹润滑油加以适当的润滑。

（4）各种卡环、挡圈和密封胶圈，在装配前应加以严格的检查，有缺陷、变形及失去弹性者应一律予以更换。

小提示

◆对于需要涂抹密封胶的接合表面，应用酒精将其表面擦干净，不得有润滑油和密封胶凝固残余物。

◆有条件时，各紧固件螺纹部件涂以螺纹胶结剂，以防紧固件松动。

◆运动件装配之后，都要进行转动检查，以确认装配是否合适。

二、从车架上拆装发动机

1 发动机的拆卸

小提示

　　◆对发动机的拆卸要求有一定的技术水平，严格按照拆装程序进行，禁止在不具备应有的技术水平的情况下随意拆卸。否则不仅达不到维护维修的目的，反而会增添发动机新的故障。

　　◆对新的或较新的发动机，在没有准确地判断出其内部故障的前提下，不要轻易地拆开。经验证明，新发动机每大拆一次就会相应地减少一定的使用寿命。

　　（1）如图2-1所示，取下摩托车车体两侧的护盖。

　　（2）如图2-2所示，拆下蓄电池上的连接导线，取下蓄电池。注意，应先拆蓄电池负极导线，后拆蓄电池正极导线。

图2-1　取下车体两侧护盖

图2-2　取下蓄电池

　　（3）如图2-3所示，拆下座垫螺栓，取下座垫。

　　（4）如图2-4所示，拆下油箱固定螺栓。

图2-3　取下座垫

图2-4　拆下油箱固定螺栓

（5）如图2-5所示，关闭油箱开关，拔掉开关上的油管。

（6）如图2-6所示，断开燃油表连接导线。

图2-5 关闭油箱开关

图2-6 断开燃油表连接导线

（7）如图2-7所示，取下油箱。

（8）拧下紧固空气滤清器的螺栓，松开进气管，取下空气滤清器，如图2-8所示。

图2-7 取下油箱

图2-8 取下空气滤清器

（9）拆下发动机和车架上排气管和消音器的固定螺栓，拆下排气管和消音器，如图2-9所示。

（10）拆下传动链条后盖的固定螺栓，取下后盖，如图2-10所示。

（11）拆下链条盖的固定螺栓，取下链条盖，如图2-11所示。

（12）用钳子拔开链条卡子，从车轮上取下链条，如图2-12所示。

（13）如图2-13所示，拔下火花塞上的高压线帽。

（14）拆下化油器上的油门钢索，抽出化油器上的油针，拆下化油器，如图2-14所示。

图2-9 拆下排气管和消音器

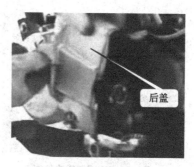

图2-10 拆卸传动链条的后盖

图2-11 取下链条盖

图2-12 取下链条

图2-13 拔下火花塞上的高压线帽

图2-14 拆下化油器

（15）卸下离合器拉线，拆下里程表接在发动机变速箱上的软管，如图2-15所示。

（16）断开与磁电机等电气设备的导线。

（17）拧下发动机与车架、发动机与后平叉相连的固定螺钉，即可将发动机从车架上抬下，如图2-16所示。

图2-15 拆下里程表软管　　　　图2-16 将发动机从车架上抬下

2 发动机的安装

　　将发动机安装到车架上，可按拆卸时的相反顺序进行，相关螺栓应按规定力矩拧紧。

三、发动机主要零部件的拆装

（一）二冲程汽缸盖的拆装

1 汽缸盖的拆卸

　　（1）如图2-17所示，用扭力扳手将汽缸盖上的螺母按对角顺序拧松，分两次拆下汽缸盖螺母。

图2-17 拆卸汽缸盖螺母

（2）如图2-18所示，用橡胶锤轻轻敲击汽缸盖，然后取下汽缸盖。注意，不要用旋具硬撬汽缸盖，避免损伤汽缸垫。

（3）如图2-19所示，取下汽缸垫。

图2-18　用橡胶锤轻轻敲击汽缸盖　　　　　图2-19　取下汽缸垫

小提示

◆不要用旋具等金属工具硬撬下汽缸垫，因为这样操作时，很容易损伤汽缸垫和汽缸上平面。

◆如果汽缸垫表面有划伤、严重变形或者烧损现象，则要更换新的汽缸垫。

2 汽缸盖的安装

汽缸盖安装时按拆卸的相反顺序进行。

小提示

◆汽缸盖要按原来的方向安装在发动机上。

◆每一个汽缸盖螺母不要一次紧固到位，要按照对角的顺序分2～3次紧固到位，并用扭力扳手按规定力矩紧固。

（二）四冲程汽缸盖的拆装

四冲程汽缸盖的拆装要比二冲程复杂得多。

1 汽缸盖的拆卸

（1）如图2-20所示，先拔掉发动机上的火花塞高压线帽。

（2）如图2-21所示，拆下排气管固定螺母，取下排气管和消音器。

图2-20　拔掉发动机上的火花塞高压线帽　　图2-21　拆下排气管固定螺母

（3）如图2-22所示，拆下化油器。

（4）如图2-23所示，拆下汽缸盖罩。

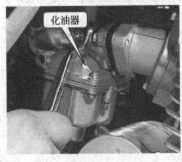

图2-22　拆下化油器　　　　　　图2-23　拆下汽缸盖罩

（5）如图2-24所示，取下摇臂座螺钉，取下摇臂座。

（6）如图2-25所示，抽出挺杆。

图2-24　取下摇臂座

图2-25　抽出挺杆

（7）如图2-26所示，用扭力扳手拧松汽缸盖上的4个固定螺钉，松开摇臂轴固定螺钉，取下汽缸盖和汽缸垫。

（8）对于带顶置凸轮轴的发动机，可按下述方法拆卸凸轮轴。

① 将活塞转到压缩行程上止点的位置，如图2-27所示。

图2-26　取下汽缸盖和汽缸垫

图2-27　将活塞转到上止点的位置

小窍门

◆转动磁电机转子，使飞轮上的"T"标记对准曲轴箱上的固定标记（图2-28），同时，使汽缸盖上凸轮轴的两个凸轮处于下八字方向。

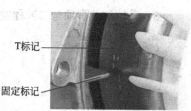

图2-28　对齐飞轮上和曲轴箱上的标记

② 如图2-29所示，松开链条张紧器固定螺钉，取下链条张紧器。

③ 如图2-30所示，拆离链条，拆下带链轮的凸轮轴。

链条张紧器

图2-29 松开链条张紧器固定螺钉

图2-30 拆下带链轮的凸轮轴

2 汽缸盖的安装

汽缸盖安装时按拆卸的相反顺序进行，对于带顶置凸轮轴的发动机，同时注意以下事项。

（1）安装前，应将活塞转到压缩行程上止点位置（见图2-27）。

（2）如图2-31所示，使凸轮轴上链轮的两个圆孔和汽缸盖的上平面平行（也就是能保证凸轮轴上的两个凸轮呈下八字）。

链轮上的圆孔

图2-31 使凸轮轴上链轮的两个圆孔和汽缸盖的上平面平行

（3）其他注意事项与二冲程发动机基本相同。

小提示

安装完摇臂后，应对气门间隙进行调整。

（三）汽缸体的拆装

在拆下汽缸盖和汽缸垫后，直接就可以把汽缸体抽出，如图2-32所示。

缸体

图2-32　抽出汽缸体

小提示

在取下汽缸体后，会看到在汽缸体和曲轴箱之间，有一个密封纸垫（图2-33）。这个纸垫是一次性的，每次拆装时，都应更换新垫。

密封纸垫

图2-33　一次性的密封纸垫

（四）活塞组的拆装

在拆下汽缸盖、汽缸垫和汽缸体后，再拆卸活塞组。

（1）如图2-34所示，找一块干净的软布垫在活塞下面，目的是防止拆卸的零件或其他东西掉落到曲轴箱内。

（2）用尖嘴钳将活塞销一侧的挡圈拉出，从活塞的另一侧将活塞销推出，然后取下活塞，如图2-35所示。

图2-34　在活塞下面垫软布垫　　　　图2-35　推出活塞销并取下活塞

安装活塞及活塞销时，可按拆卸的相反顺序进行。

（五）气门的拆装

（1）如图2-36所示，用专用气门拆装钳拆卸气门，将气门弹簧压缩，取下气门锁块（又称锁瓣）。

图2-36　用专用工具拆卸气门

（2）如图2-37所示，取出气门和内、外气门弹簧。

图2-37 取出气门和弹簧

四、机油泵的拆装

以HONOR157FMI发动机为例,介绍机油泵的拆装方法。

1 **机油泵的拆卸**

(1)如图2-38所示,打开右曲轴箱盖。

(2)拆下离心式机油滤清器盖上的螺钉后,取下离心式滤清器盖,如图2-39所示。拆下曲轴螺母后,取下离心式机油滤清器。

图2-38 打开右曲轴箱盖

图2-39 取下离心式滤清器盖

(3)拆下机油泵外壳和机油泵驱动齿轮,如图2-40所示。

(4)拆下机油泵固定螺钉,取下机油泵,如图2-41所示。

图2-40 拆下机油泵驱动齿轮

图2-41 取下机油泵

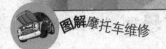
（5）机油泵的分解。用十字旋具拧开机油泵盖的螺钉后，取下机油泵盖，如图2-42所示。然后取下转子式内外两个齿轮。

内外齿轮

机油泵盖

图2-42　取下机油泵盖

2　机油泵安装

安装机油泵时，可按拆卸的相反顺序进行。

五、化油器的拆装

1　化油器的拆卸

（1）按前面所述，先从车上拆下化油器。

（2）用旋具打开化油器浮子室螺钉，取下浮子室盖，如图2-43所示。

浮子室盖

图2-43　取下浮子室盖

（3）抽出浮子销，取下浮子组件，取下进油针阀。分解后的化油器如图2-44所示。

图2-44 分解后的化油器

浮子室盖
柱塞组件
本体
浮子组件

2 化油器的安装

安装化油器时，可按拆卸的相反顺序进行。

第二节 发动机的检查与调整

一、配气机构的检查与调整

（一）气门间隙的检查与调整

1 调整气门间隙的注意事项

（1）气门间隙的定义。对侧置气门来讲，气门间隙是指进、排气门杆尾与挺杆上调整螺钉间的间隙；对顶置气门和顶置凸轮轴式气门来讲，气门间隙是指进、排气门杆尾端与摇臂上调整螺钉间的间隙。

（2）气门间隙分冷间隙和热间隙两种，热间隙比冷间隙略小。在发动机冷态下测量的间隙即为冷间隙。通常，进气门冷间隙在0.05～0.10mm之间，排气门冷间隙在0.08～0.10mm之间。调整时应严格按说明书上规定的间隙进行。

（3）气门间隙的检查及调整必须在进、排气门都完全关闭时进行。而活塞位于压缩行程的上止点时，恰好进、排气门完全关闭，所以调整气门间隙时，必须使活塞处于上止点。

（4）气门间隙的调整应在发动机冷态时进行，严禁在发动机运转时即进行调整。对双缸发动机，应逐缸进行检查及调整。

2　气门间隙的检查与调整

（1）拆下进、排气门室盖和磁电机外罩。

（2）转动磁电机转子，使其外圆面上的"T"刻线与机壳上的固定标记对准，此时活塞应处在压缩行程的上止点，见图2-28；同时，应使凸轮轴上链轮的两个圆孔和汽缸盖的上平面平行，见图2-31。

（3）如图2-45所示，将厚度为规定气门间隙值的塞尺小心地插入气门间隙内来回拉动，若感到略有阻力时，说明间隙合适。

（4）若间隙不合适，则用梅花扳手先旋松调整螺母，如图2-46所示。

图2-45　检测气门间隙

图2-46　旋松调整螺母

（5）如图2-47所示，一边用尖嘴钳转动调整螺钉，一边拉动塞尺检查间隙，待间隙合适后，再拧紧调整螺母。

图2-47　用尖嘴钳转动调整螺钉

小提示

为防止螺母拧紧后间隙发生变化，应再用塞尺复测一次。

（二）正时链张紧装置的调整

1 **本田CD50/70型摩托车正时链张紧装置的调整**

如图2-48所示，张紧装置张紧杆的下端削成楔状，利用箱体上的调整螺钉进行调整，可改变张紧杆上下运动行程，也即限制了正时链的跳动范围。而张紧力的大小，则可由调整螺塞进行适当调整。两项调整，均可在发动机运转状态下进行，以调整到响声较小时为准。

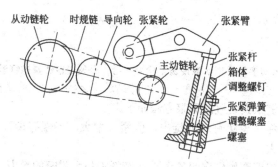

图2-48　张紧装置

2 **本田CB125S型摩托车正时链张紧装置的调整**

该张紧装置由扭力弹簧、张紧臂、张紧杆、调整螺钉、张紧滑块等组成，如图2-49所示。张紧臂通过扭力弹簧的作用，使张紧滑动块被压弯，而将正时链张紧。链条的张紧程度由扭力弹簧的大小和人工的调整来决定。

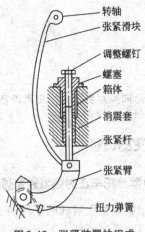

转轴

张紧滑块

调整螺钉

螺塞

箱体

消震套

张紧杆

张紧臂

扭力弹簧

图2-49　张紧装置的组成

小提示

链传动零件磨损以致使链条松弛以后，必须通过调整螺钉进行调理。

正时链张紧装置的调整方法如下。

（1）将调整螺钉向外旋出，张紧力增大，当螺钉离开张紧杆时，张紧力最大。

（2）将调整螺钉向里旋入，逐渐抵消扭力弹簧的弹力，张紧滑块趋直，张紧力便减弱，甚至可使张紧力为零。

只有经过适当的人工调整，才可使正时链传动装置达到传力平稳、噪声较小的理想效果。经过调定的张紧状态，经一段时间的使用后，又会因传动零件的磨损，使链条松弛，噪声增大，这时就必须再作调整。

3　铃木GS125型摩托车正时链张紧装置的调整

如图2-50所示，该张紧装置的张紧滑块装在正时链松边上，滑块端以转轴固定，中端呈自由状态。张紧力来自作用于滑块垂直方向上的张紧杆，由套在张紧杆上的张紧弹簧产生，这种张紧装置只能使滑块以恒定的张紧状态工作，而不能随正时链传动零件的磨损而自动张紧，所以经过一段时间使用后，正时链松弛，响声增大了，便必须进行调整。

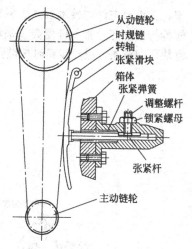

从动链轮
时规链
转轴
张紧滑块
箱体
张紧弹簧
调整螺杆
锁紧螺母
张紧杆
主动链轮

图2-50　张紧装置的组成

　　进行调整时，只需将装在箱体外的锁紧螺母旋松，将调整螺杆稍拧松一点，张紧杆便会被张紧弹簧自动推向张紧滑块，在新的张紧状态下工作。张紧力的大小，决定于弹簧本身，不能调整。最后再用锁紧螺杆将张紧杆拧紧，并用锁紧螺母锁紧。

小提示

　　进行调整操作时，如果恰好在发动机压缩行程两气门均关闭时进行，张紧效果更好，这是因为此时正时链松边张力很小，处于松弛状态，在这时进行调整，能将正时链张得更紧。

4　本田CB300/500型摩托车正时链张紧装置的调整

　　如图2-51所示，该张紧装置中的张紧臂及张紧滑块的结构与本田CB125型车相似，而其张紧杆结构及调整部分则与铃木GS125型车相似。张紧弹簧的弹力通过张紧杆作用于张紧臂，张紧臂便使张紧滑块压向链条而将链条张紧。张紧程度决定于弹簧弹力的大小。

　　当正时链传动装置零件逐渐磨损，链条变松弛后，便需进行调

整。其调整方法与铃木GS125型车相同：将锁紧螺母旋松，再将调整螺栓拧出一点，张紧杆便会在张紧弹簧作用下，通过张紧臂而使张紧滑块压向链条，进一步将时规链张紧。

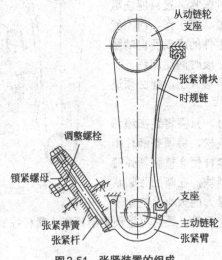

图2-51　张紧装置的组成

二、燃油供给系统的检查与调整

1 **发动机在不同工况下化油器的调整部位**

在发动机不同工况下，混合气过浓或过稀应调整化油器的不同部位，具体见表2-1。

表2-1　化油器的调整

发动机工况	怠速运转	低速运转	中速运转	高速运转
节气门开度	0～1/8	1/8～1/4	1/4～3/4	3/4～全开
作用系统	怠速系统	怠速系统及主系统	主系统	主系统
作用部件	怠速喷嘴、怠速空气调节螺钉	怠速喷嘴、怠速空气调节螺钉、节气门油针、针阀油嘴	油针、针阀油嘴、主量孔	油针、针阀油嘴、主量孔

续表

发动机工况	怠速运转	低速运转	中速运转	高速运转
发动机工况	怠速运转	低速运转	中速运转	高速运转
调整部件	空气调节螺钉	空气调节螺钉	主喷油针	主量孔
混合气过浓	拧出	拧出	降低	换用小孔径的主量孔
混合气过稀	拧入	拧入	提高	换用大孔径的主量孔

2 发动机怠速的调整

摩托车发动机怠速过高或过低以及怠速不稳（即时高时低）时，需要对发动机怠速进行调整。

调整怠速时要有一个前提，就是发动机本身以及点火系统和供油系统（即电路和油路）工作必须正常，然后再按下列程序进行调整。

（1）先启动发动机，预热4～8min（寒冷天气要预热10min），若发动机怠速过低或无怠速，预热时应用适当开大油门的办法，提高发动机空转的速度，以提高缸温。

（2）如图2-52所示，用一字旋具将化油器上的混合气调整螺钉顺时针转动，使发动机转速达到最高，再逆时针转动该螺钉约1.25圈。

怠速调整螺钉

混合气调整螺钉

图2-52 化油器的调整

（3）调整怠速调整螺钉，使发动机怠速转速最低而不熄火。

（4）调整混合气调整螺钉，使发动机怠速转速升高。

（5）调整怠速调整螺钉，使发动机转速达到最低的稳定转速。

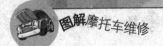

（6）这样反复调整，直到使发动机怠速转速达到规定值。

有发动机转速表的摩托车，可直接观察发动机转速表来调整怠速调整螺钉。

小窍门

怠速调整螺钉和混合气调整螺钉可交叉几次进行。实践证明，只有多次反复地进行调整才能使发动机怠速达到标准要求，即当油门关到最小开度时，发动机仍然保持在最低转速上（一般不高于1500r/min）稳定运转。

（7）当把怠速调好后应用下列方法进行检验。

① 在发动机怠速工况时，突然快速地开大油门，然后再突然快速地关小油门。

② 如果发动机在突然加大油门时，其转速能迅速随之加快升高，而在突然关小油门又不至熄火，这说明怠速调整成功。

③ 否则，在油门突然加大情况下发动机转速不见升高或升高很慢，而在突然关小油门时，发动机突然熄火，则怠速调整失败，应按调整怠速的要领和要求重新进行调整。

3 摩托车化油器燃油平面的调整

（1）拆下化油器，将其垂直放置。

（2）如果油平面高度不正确，则拆下浮子室，取出浮子，微量扳动浮子上的调整片，即可改变油平面高度，如图2-53所示。

调整片

图2-53 浮子室油面高度的调节

小窍门

◆朝浮子针阀方向扳动调整片，可使浮子针阀提早关闭，从而降低油平面。

◆反方向扳动调整片，则可提高油平面。

三、润滑系统和冷却系统的检查与调整

1　采用分离润滑方式的机油泵的检查调整

（1）机油泵操纵钢索的调整。如图2-54所示，其调整方法如下。

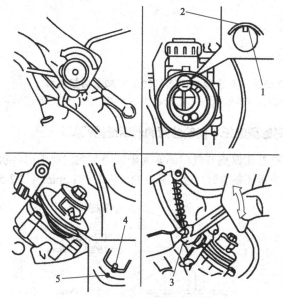

图2-54　机油泵操纵钢索的调整

1,2—化油器节气门标记；3—调整螺母；4,5—机油泵上的标记

①转动油门转把，使化油器节气门的标记1对准标记2。

②检查当节气门位于此位置时，机油泵上的标记4、5是否对准。

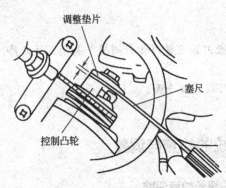

调整垫片

塞尺

控制凸轮

图2-55　机油泵最小行程的检查

③ 若标记4、5未对准，应调整螺母3，使机油泵上的标记4、5对准。

（2）机油泵最小行程的检查。如图2-55所示，其检查方法如下。

① 当发动机处于怠速运转状态时，上述标记应对正。

② 当调整板与控制凸轮之间的间隙达到最大时停车，用塞尺测量机油泵的间隙。

小提示

如果间隙不符合要求，则应卸下或加上调整垫片。

2 雅马哈型摩托车自动分离润滑系统的调整

（1）检查和调整节气门钢索间隙。当节气门处于闭合状态时，调整节气门钢索调整螺钉，使间隙B的值为$1 \sim 1.5mm$（图2-56）。

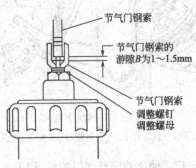

节气门钢索

节气门钢索的
游隙B为$1 \sim 1.5mm$

节气门钢索
调整螺钉
调整螺母

图2-56　调整节气门钢索间隙

（2）化油器和油泵的配合调整。拆下化油器外壳，转动油门手把，当节气门处在1/2开度（节气门上的"○"形标记处在图2-57所示的位置）时，检查机油泵上的标记1、2是否对准（标记位置如图2-58所示），若没有对准，则应调节油泵钢索螺母（图2-59），以实现泵与化油器动作的联动。

（3）排净泵中的空气。如图2-60所示，拧下泄气螺栓，直到流出的机油中无气泡时为止。

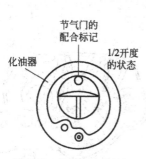

化油器　节气门的配合标记　1/2开度的状态

图2-57　节气门上的标记

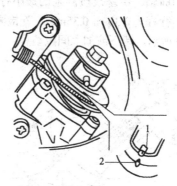

图2-58　检查节气门上的标记

1,2—标记

图2-59　调节油泵钢索螺母

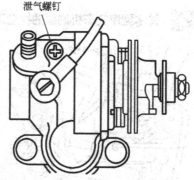

泄气螺钉

图2-60　机油泵排空气

小提示

为使机油均匀地进入发动机，在输油管和泵内不能有空气存在，所以发动机大修后，一定要排净泵中的空气。

（4）检查机油泵的最小行程。将节气门置于全闭状态，逆时针转动曲轴，用塞尺检测泵的最小行程（图2-61）。DX100型摩托车的最小行程为0.30～0.35mm，若检测结果不在这个范围内，则应按图2-62所示，卸下或加上间隙垫片。

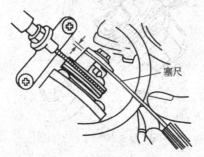

图2-61　检测机油泵的最小行程

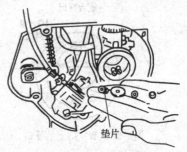

图2-62　卸下或加上间隙垫片

3　铃木型摩托车机油泵的检查调整

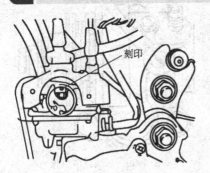

图2-63　油门转把的标记

（1）机油泵钢索的调整。转动油门转把，直到节气门上的刻印处于如图2-63所示的位置，此时检查机油泵控制杆上的刻印是否与标记对齐（图2-64）。如果没有对齐，则应松开调节螺母进行调整，直到对齐为止。

（2）排出机油泵内的空气。将图2-64中所示的泄气螺钉拧下，使润滑油流出，直到油中没有气泡为止，然后装上并拧紧泄气螺钉。

（3）机油泵排油量的检查。在机油排量测量工具（铃木车专用工具为09999-21602）中装满铃木摩托车专用润滑油，然后将其连接于泵的真空面，如图2-65所示。启动发动机，使发动机的转速保持在2000r/min，工作6min。这时，量具上的读数，FZ50型摩托车应在1.02～1.26mL范围内，TR125型摩托车应在4.2～5.1mL范围内。

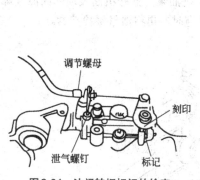

图2-64 油门转把标记的检查

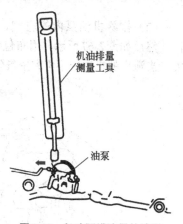

图2-65 机油泵排油量的检查

4 本田型摩托车机油泵的检查调整

首先调整油门钢索的自由间隙，然后再做以下检查调整。

（1）机油泵钢索的调整。将油门转把转到极限位置，此时，机油泵上的指示记号应与控制杆上的记号对齐，如图2-66所示。

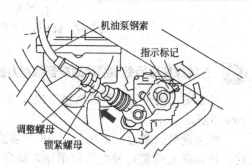

图2-66 机油泵钢索的调整

小提示

如果没有对齐，则松开锁紧螺母，转动调整螺母，使这两个指示记号对齐，然后再拧紧锁紧螺母。

（2）排除机油泵内的空气。使发动机熄火，将机油箱内注满机油，然后如图2-67所示，用布包住机油泵，拧松机油泵顶部的泄气螺栓，当泄出的机油中不再有空气气泡时，再将泄气螺栓拧紧。

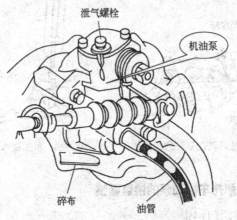

图2-67　机油泵排空气

5　三轮摩托车冷却系统风扇皮带张紧力的调整

风扇皮带的张紧力是靠调整交流发电机的位置来实现的，如图2-68所示。

检查皮带张紧力的方法是用100N垂直于皮带的拉力拉动皮带时，在风扇皮带轮与发电机皮带轮之间皮带的挠度应在7～10mm范围内。

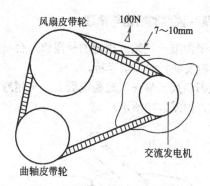

图2-68　风扇皮带张紧力的调整

第三节　发动机零部件检修

一、汽缸盖的检修

（一）二冲程发动机汽缸盖的检修

1　燃烧室积炭的清除

　　燃烧室积炭太多，会影响发动机的正常运转，必须及时予以清除。清除积炭时切勿使用硬的锐器，最好用竹片、铜片和铝片轻轻刮去，然后用汽油清洗擦净，如图2-69所示。

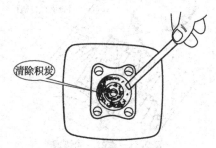

图2-69　燃烧室积炭的清除

2 汽缸盖端面平面度的检查与修理

汽缸盖端面平面度一旦超出规定的极限值，会造成与汽缸体密封不严的现象，影响发动机的正常运转。

用直尺（或刀口尺）靠在汽缸盖端面上，再用塞尺测量直尺与汽缸盖端面的间隙，如图2-70所示。

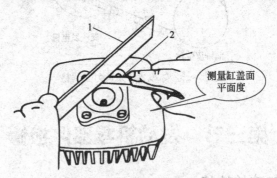

图2-70　测量汽缸盖的端面平面度

1—直尺；2—塞尺

若该间隙为极限值，则用细砂纸（约400号）放在平板上，按图2-71所示的方法进行研磨，边磨边检查。磨平后清洗干净，并在金相砂纸上推光。

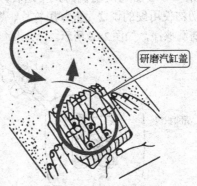

图2-71　汽缸盖的修理

（二）四冲程发动机汽缸盖的检修

1　汽缸盖的检查与修理

　　清除燃烧室积炭并清洗干净后，检查汽缸盖端面是否变形，火花塞孔处有无裂痕，其检查及修理方法与上述二冲程发动机的基本相同。

2　气门杆与气门导管的检修

　　（1）检查气门杆与气门导管的配合间隙。如图2-72所示，测量气门杆外径b、气门导管内径a，则气门杆与气门导管的配合间隙为$a-b$。其值超过使用极限值时，应更换气门导管。

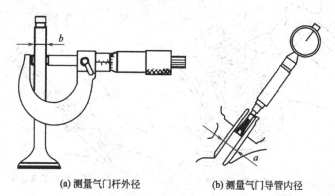

(a) 测量气门杆外径　　　　(b) 测量气门导管内径

图2-72　测量气门杆外径和气门导管内径

　　（2）更换气门导管。

小提示

　　更换气门导管时，应将汽缸盖加热至100℃以便于气门导管的拆卸和安装，并保持正确的配合。

　　① 使用气门导管拆卸工具拆卸气门导管，如图2-73所示。

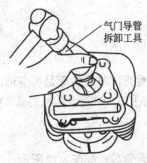

气门导管拆卸工具

图2-73　拆卸气门导管

② 使用气门导管安装工具2和气门导管拆卸工具1安装新的气门导管，如图2-74所示。

③ 在安装气门导管之后，使用气门导管扩孔器给气门导管扩孔，以便获得正确的气门杆至导管间隙，如图2-75所示。

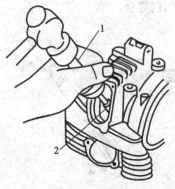

1

2

图2-74　安装气门导管

1—气门导管拆卸工具；2—气门导管安装工具

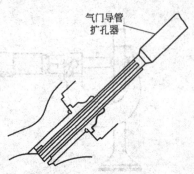

气门导管扩孔器

图2-75　气门导管扩孔

小提示

在更换气门导管之后，应重修气门座表面。

（3）气门的检修。

① 清理气门工作面的积炭。

② 检查气门工作面，如有点蚀或磨损，应进行磨光。检查气门杆

端，如呈菌形或直径大于气门杆的其余部分，应予以更换。

③ 如图2-76所示，用游标卡尺测量气门边缘厚度a，超过规定值范围应更换。

④ 如图2-77所示，用百分表和V形铁测量气门杆圆跳动量，超过规定值范围应更换。

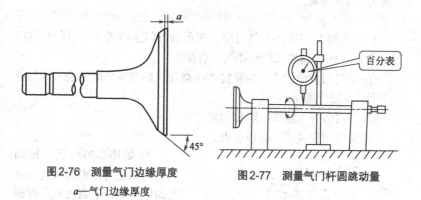

图2-76　测量气门边缘厚度

a—气门边缘厚度

图2-77　测量气门杆圆跳动量

3　气门座的检修

（1）清理积炭。利用刮片清除气门表面和气门座表面的积炭。

（2）检查气门座。如果有点蚀或磨损，应更换气门座。

（3）测量气门座宽度。按以下步骤测量气门座宽度，不符合规定应进行更换。

① 在气门表面涂上蓝色染料。

② 将气门安装在汽缸顶盖内。

③ 压下气门，通过气门导向工具至气门座，应使之排列整齐。

④ 一旦气门和气门座表面接触，则可得到清晰的印痕。如图2-78所示，测量气门座宽度a。

图2-78　测量气门座宽度

a—气门座宽度

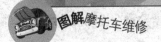

小提示

如果气门座太宽、太窄，或者气门座不位于中央位置，则必须重修气门座的表面。

（4）抛光气门表面、气门座。在重修气门座或者更换气门和气门导管之后，应该抛光气门座和气门表面。

① 在气门表面涂上一层粗糙的研磨膏。切勿使研磨膏进入气门杆和导管之间的间隙。

② 在气门杆上涂抹二硫化钼油。

③ 将气门安装在汽缸顶盖内。

转动气门

图2-79 研磨气门

④ 如图2-79所示，转动气门，直至气门表面与气门座均匀地磨光，然后去除所有研膏。若要获得最佳抛光效果，则可在轻轻地抛光气门座的同时，前后转动气门。

⑤ 在气门表面涂上一层精细的研磨膏，并且重复上述步骤。在每次抛光作业之后，必须从气门表面和气门座去除所有研磨膏。

⑥ 在气门表面涂上蓝色染料。

⑦ 将气门安装在汽缸顶盖内。

⑧ 按下气门，穿过气门导管至气门座，使排放整齐。

⑨ 再次测量气门座宽度。如果气门座宽度不符合规格值，则应重修表面并抛光气门座。

4 气门弹簧的检查

（1）用游标卡尺测量气门弹簧自由长度 a（图2-80），若不符合规定值，则更换。

（2）用压力机测量气门弹簧压缩力 b（图2-81），若不符合规格值则更换。

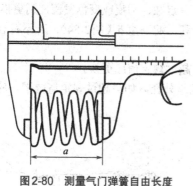

图2-80　测量气门弹簧自由长度

a—气门弹簧自由长度

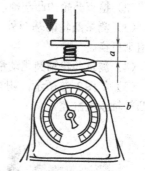

图2-81　测量气门弹簧压缩力

a—气门弹簧安装长度；

b—气门弹簧压缩力

（3）如图2-82所示，用直角尺测量气门弹簧的倾斜度 a，如果超过规定值应更换。

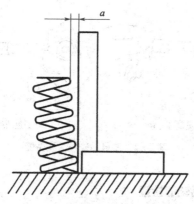

图2-82　测量气门弹簧的倾斜度

a—气门弹簧的倾斜度

5 凸轮轴的检修

（1）如图2-83所示，目视检查凸轮轴外观是否磨损或损坏，是否有点蚀、刮痕或变色发蓝，若有则更换。

（2）检查凸轮的凸起部，若有点蚀、刮痕或变色发蓝，则更换。

（3）测量凸轮的基圆外径a和凸起高度b（图2-84），若不符合规定值则更换。

（4）测量凸轮轴圆跳动量，超过规定值应更换。

（5）如图2-85所示，测量轴承外径。如果超过规定值范围，应更换凸轮轴或汽缸盖。

图2-83 目视检查凸轮

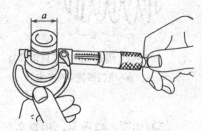

图2-85 测量轴承外径

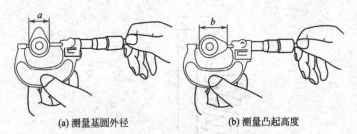

(a) 测量基圆外径   (b) 测量凸起高度

图2-84 测量凸轮外径和高度

6 摇臂与摇臂轴的检查

（1）如图2-86所示，检查摇臂上的摇臂轴孔、与凸轮接触的表面、调整螺钉是否有过度磨损或发出"嗡嗡"声，若有应更换。

（2）如图2-87所示，检查摇臂轴的表面是否有点蚀、刮痕或变色发蓝，如有应进行更换。然后检查润滑系统。

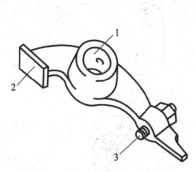

图2-86 检查摇臂

1—摇臂轴孔；2—与凸轮接触的表面；
3—调整螺钉

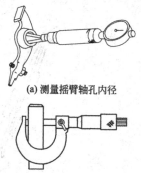

(a) 测量摇臂轴孔内径

(b) 测量摇臂轴外径

图2-87 测量摇臂轴孔内径和摇臂轴外径

7 正时链、链轮、张紧杆的检修

（1）检查正时链，若硬化或有裂缝，则成套更换正时链和链轮，如图2-88所示。

（2）如图2-89所示，检查凸轮轴链轮。若磨损或损坏，则成套更换凸轮链轮和正时链。

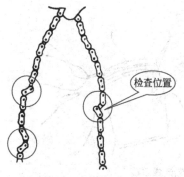

检查位置

图2-88 检查正时链

图2-89 检查凸轮轴链轮

（3）检查正时链导向杆1、张紧杆2，磨损或损坏则更换，如图2-90所示。

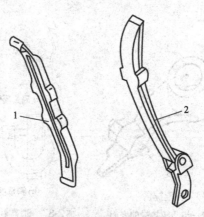

图2-90　检查张紧杆和导向杆

1—导向杆；2—张紧杆

二、活塞组件的检修

（一）汽缸与活塞的检修

（1）如图2-91所示，用竹片、铜片或活塞环清除活塞顶部和环槽部分的积炭。

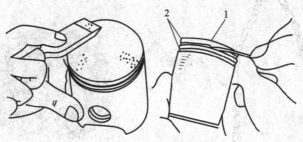

图2-91　清除活塞积炭

1—顶部；2—环槽部

　　（2）如图2-92所示，检查活塞裙部表面是否有磨损、刮痕及损坏，否则应予以更换。

　　（3）如果活塞裙部表面有擦伤条纹或漆状沉积物，可用600～800号的湿砂纸或油石打磨修复，如图2-93所示。打磨时应按交叉方向进行磨光，不要用力过大。

检查活塞裙部

图2-92　检查活塞裙部表面

图2-93　修复活塞

　　（4）如图2-94所示，检查汽缸壁，如果有磨损或刮痕，应重新镗孔或更换。

　　（5）如图2-95所示，用量缸表在距汽缸顶面规定距离处测量汽缸内径。应在平行及垂直于曲轴两个方向测量，然后求出测量值的平均值。如果不符合规定值，重新镗孔或成套更换汽缸、活塞和活塞环。

检查汽缸壁

图2-94　检查汽缸壁

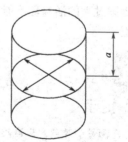

图2-95　测量汽缸内径

　　（6）如图2-96所示，用千分尺测活塞裙部外径 a（在垂直于活塞

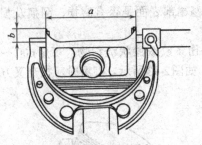

图2-96 测量活塞外径

销孔轴线的方向上），b为距活塞底边的规定距离。如果超出规定值，则应成套更换活塞和活塞环。

（7）活塞与汽缸的间隙为汽缸内径和活塞裙部外径之差。如果该差值不符合规定值，汽缸应重新镗孔或成套地更换汽缸、活塞和活塞环。

（二）活塞环的检修

（1）侧隙的检查。活塞环和活塞环槽装配后，应有一定的侧隙。

① 侧隙正常时，活塞环沿环槽应能灵活转动。

② 侧隙过小时，活塞环的活动性差，产生积炭后易黏结或楔住，使活塞与汽缸的密封性降低。

③ 侧隙过大时，活塞环工作时在环槽内上、下窜动，致使环上、下端面和环槽侧壁迅速磨损，严重时还会使环折断。

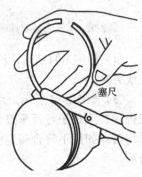

塞尺

图2-97 测量活塞环侧隙

侧隙的大小可用塞尺测量，如图2-97所示。侧隙过小时可研磨活塞环端面；侧隙过大的活塞环不能使用，应重新选配。

小提示

在测量侧隙前，应清除活塞环槽和活塞环上的积炭。

（2）开口间隙的检查。活塞环安放在汽缸中应有一定的开口间隙，其大小可用塞尺检查。

① 将活塞环平放入汽缸内。

② 用活塞头部将活塞环沿汽缸推至活塞环正常工作位置，使环平置于汽缸筒内。

③ 用塞尺测量开口间隙，如图2-98所示。

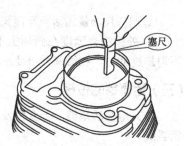

塞尺

图2-98　测量活塞环开口间隙

注意

开口间隙不能过大，也不能过小。

① 间隙过大，汽缸密封性变差，易引起汽缸漏气、功率下降、启动困难，应更换或重新选配活塞环。

② 间隙过小，易使活塞环在受热膨胀后卡住，引起拉缸或活塞环折断。处理方法可用锉刀锉修开口，使间隙增大。在锉修时，不要一次锉去太多，应边修边放入汽缸内检查，直至间隙合适为止。

③ 有些活塞的活塞环槽装有定位销，其活塞环除应检查开口间隙外，还应检查开口处与活塞环槽上定位销的配合情况。开口处的尺寸符合标准时，安装好活塞环的活塞应能顺利装入汽缸。

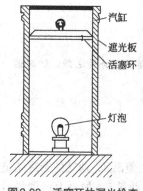

汽缸

遮光板

活塞环

灯泡

图2-99　活塞环的漏光检查

（3）活塞环的漏光检查。活塞环的开口间隙、侧隙都符合标准后，还应进行漏光检查，以检验活塞环与汽缸壁表面的贴合情况。检验的方法如图2-99所示。

① 将白炽灯泡置于被检活塞环下面的汽缸内。

② 用直径略小于汽缸直径的薄铁板或硬纸板平放在环面上遮住光线。

③ 观察环与汽缸壁间的漏光缝隙的范围大小。

对活塞环漏光度的要求如下。

① 用塞尺测量的活塞环漏光间隙不得超过0.03mm。

② 外圆漏光弧度在圆周上不得超过45°，在同一平环上的总和不得超过60°，在活塞开口处左右30°内不允许漏光。

（三）活塞销的检修

（1）检查活塞销，若变色发蓝或有深划槽则应更换，然后检查润滑系统。

（2）如图2-100所示，测量活塞销外径。如不符合规定值，则应更换活塞销。

（3）如图2-101所示，测量活塞销孔内径。如果超出规定值范围，应更换活塞。

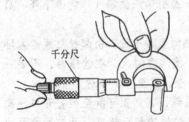
图2-100　测量活塞销外径

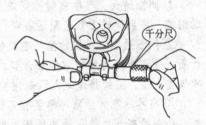
图2-101　测量活塞销孔内径

小提示

　　活塞销与活塞的间隙为活塞销孔内径和活塞销外径之差。如果该差值不符合规定值，则应更换活塞。

三、曲轴及曲轴箱的检修

（1）如图2-102所示，测量两曲柄之间的距离A、曲轴的圆跳动量C、连杆大头轴向间隙D以及连杆小头的摆动量F。如果上述测量值超出规定范围，分别更换曲轴、曲轴或轴承、连杆大头轴承或曲柄销或连杆、连杆。

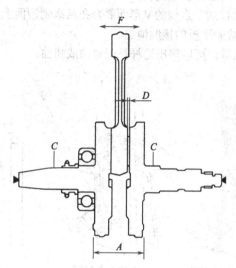

图2-102 曲轴的检测

A—两曲柄之间的距离；C—曲轴的圆跳动量；

D—连杆大头轴向间隙；F—连杆小头的摆动量

（2）用微温的清洗剂彻底冲洗曲轴箱的接合表面，检查曲轴箱是否有裂缝或损坏情况，如有裂缝或损坏，应予以更换。

（3）如果润滑油孔堵塞，可用压缩空气吹通。

四、连杆组件的检修

1 连杆的检验、校直

（1）连杆的检验。如果发现连杆有变形，如变弯和扭曲，可将连杆直接放在连杆检验仪或简易检验器上进行检验测定。

如图2-103所示，用连杆检验校正仪检测弯曲度和扭曲度的方法如下。

① 将连杆盖装在连杆上（不带轴承），并按规定力矩拧紧，同时

装上修配好的活塞销。

② 将连杆固定在检验仪上。

③ 将检验仪的三点规的V形面靠合在活塞销顶面上，观察三点规的3个测点与检验平板的接触情况。

④ 通过测量，可以得出连杆是否弯曲或扭曲。

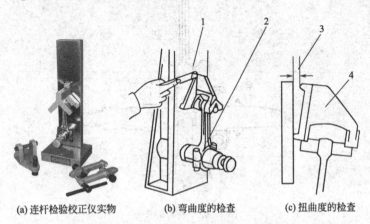

(a) 连杆检验校正仪实物　　　　(b) 弯曲度的检查　　　　(c) 扭曲度的检查

图2-103　　连杆弯曲度和扭曲度的检验

1—连杆检验仪；2—连杆；3—弯曲值；4—三点规

如果没有连杆检验仪，也可用简易工具，如百分表、V形木块及标准芯轴和样板，对连杆进行弯曲度和扭曲度的简易检测。

（2）连杆的校直。当测定出连杆的弯曲度和扭曲度已超过规定的允许值，则应分别进行校正，方法如下。

① 连杆弯曲的校正。对弯曲的连杆，可用压床或校正器上的校弯工具压直如图2-104所示。

② 连杆扭曲的校正。对扭曲的连杆，可夹在台虎钳上用校正器上的校正工具校正，如图2-105所示。没有校扭工具时，用长柄板钳、管钳也可以校正。在常温下校正连杆，会发生弹性变形，卸去负荷后，连杆有恢复原状的趋势。因此在校正弯曲变形较大的连杆时，校正后最好进行稳定处理，将校正后的连杆用喷灯稍许加热。校正变形较小的连杆时，应使校正负荷保持一定时间，即可防止去负荷后变形。

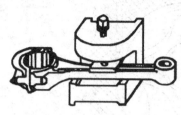

图2-104　校正连杆的弯曲

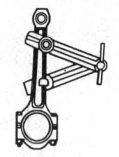

图2-105　校正连杆的扭曲

2　连杆衬套的检修

　　在检修连杆时，有的故障往往是出在连杆衬套（图2-106）上，因此要特别注意观察连杆小头衬套与活塞销是否有磨损和松动，测量两者间隙是否超过规定间隙（一般为0.07mm），若磨损较严重、明显松动而又超过规定间隙，则应更换新衬套。

连杆衬套

图2-106　连杆衬套

　　更换新衬套的方法是先取下松动的旧衬套（因已松动故易于取下），然后选配可与连杆小头孔配合紧度为0.042～0.095mm的同规格的铜衬套，将其压装在连杆小头孔内即可。

五、机油泵的检修

　　如图2-107所示，用塞尺测量内转子与转子间的径向间隙a和外转子与泵壳之间的侧隙b。如果超出规定值，应更换机油泵。

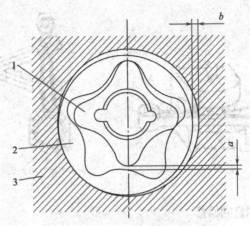

图2-107　测量机油泵间隙

1—内转子；2—外转子；3—泵壳；

a—径向间隙；b—外转子与泵壳之间的侧隙

六、空气滤清器的检修

　　摩托车常用的空气滤清器有干式纸质滤芯和湿式泡沫塑料滤芯两种。

（一）干式纸质滤芯的清洁

　　（1）拧出螺钉，卸下空气滤清器盖，取出滤芯。

　　（2）如图2-108所示，用敲打和振动清除部分灰尘。

图2-108　敲打和振动滤芯

（3）如图2-109所示，用软刷清除滤芯表面和折缝处的灰尘。

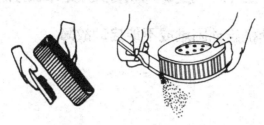

图2-109　清除滤芯表面灰尘

（4）如图2-108中的左下图所示，用压缩空气从滤芯内侧向外吹，将滤芯清洁干净。

小提示

纸质滤芯绝不可用油或水清洗滤芯。

（二）湿式泡沫塑料滤芯的清洁

（1）取出空气滤清器的滤芯。

（2）如图2-110所示，将滤芯放在不燃性洗涤剂中清洗。清洗时只能挤压，不能拧绞。

（3）边清洗边检查滤芯是否有断裂现象，若有，应进行更换。

（4）洗清后的滤芯浸在机油中，然后再挤压出多余的机油。

（5）用清洗抹布擦净空气滤清器壳的内腔，将滤芯装回。

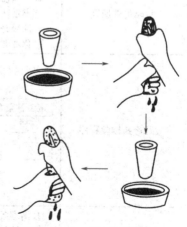

图2-110　清洗滤芯

第四节 发动机常见故障的排除

一、发动机启动困难或不能启动故障

小提示

当发动机产生上述故障时，应按照燃油系统、点火系统、汽缸压缩压力的顺序来分析。

1 **燃油油路故障**

燃油油路故障诊断与排除见表2-2。

表2-2 燃油油路故障诊断与排除

项目	内容
故障可能原因	① 油箱内燃油用完 ② 油箱盖排气孔堵塞 ③ 燃油在管内流通受阻；燃油滤网阻塞 ④ 油箱开关阻塞 ⑤ 化油器的油道堵塞或针阀卡死无法活动
故障诊断排除程序	检查燃油箱 　　有油　　　　无油 检查油箱盖通气孔　　　　加油 　堵　　通 清洗　　检查燃油开关、输送管道滤网、化油器阀座 　　　　　堵　　通 　　　打开或清洗　　检查化油器
故障排除方法	① 清理各阻塞零件 ② 加注油料时一定要用滤网过滤 ③ 拆卸化油器，用压缩空气疏通被堵塞的油道

2　点火电路故障

点火电路故障诊断与排除见表2-3。

表2-3　点火电路故障诊断与排除

项目	内容
故障可能原因	① 火花塞积炭严重或被"淹死" ② 火花塞的电极间隙不正确 ③ 点火线圈击穿损坏 ④ 高压线脱落或绝缘不好 ⑤ 磁电机有问题 ⑥ 点火开关漏电
故障诊断排除程序	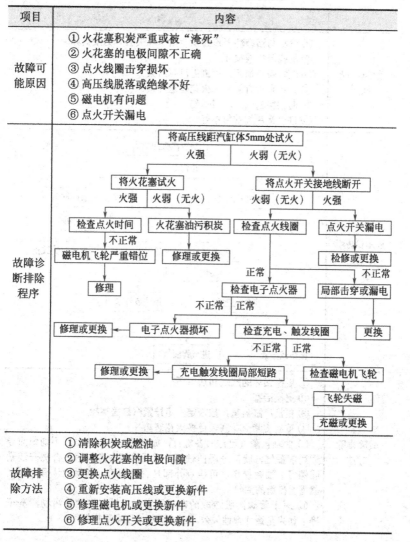
故障排除方法	① 清除积炭或燃油 ② 调整火花塞的电极间隙 ③ 更换点火线圈 ④ 重新安装高压线或更换新件 ⑤ 修理磁电机或更换新件 ⑥ 修理点火开关或更换新件

3 汽缸压缩压力不足故障

汽缸压缩压力不足故障诊断与排除见表2-4。

表2-4 汽缸压缩压力不足故障诊断与排除

项目	内容
故障可能原因	① 汽缸与活塞环严重磨损，活塞环失去弹力或损坏 ② 活塞磨损或损坏 ③ 汽缸盖垫损坏，汽缸盖没有压紧 ④ 火花塞没有旋紧，火花塞垫片损坏 ⑤ 曲轴箱漏气，油封损伤 ⑥ 进气簧片阀密封不好
故障诊断排除程序	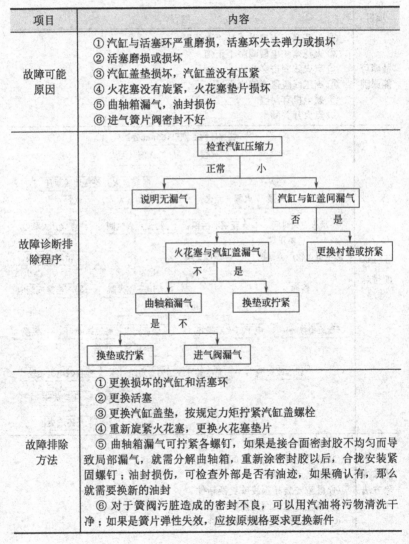
故障排除方法	① 更换损坏的汽缸和活塞环 ② 更换活塞 ③ 更换汽缸盖垫，按规定力矩拧紧汽缸盖螺栓 ④ 重新旋紧火花塞，更换火花塞垫片 ⑤ 曲轴箱漏气可拧紧各螺钉，如果是接合面密封胶不均匀而导致局部漏气，就需分解曲轴箱，重新涂密封胶以后，合拢安装紧固螺钉；油封损伤，可检查外部是否有油迹，如果确认有，那么就需要换新的油封 ⑥ 对于簧阀污脏造成的密封不良，可以用汽油将污物清洗干净；如果是簧片弹性失效，应按原规格要求更换新件

二、发动机自动熄火故障

发动机自动熄火故障诊断与排除见表2-5。

表2-5　发动机自动熄火故障诊断与排除

项目	内容
故障可能原因	① 燃油耗尽或供应不上 ② 点火线圈短路或断路 ③ 磁电机内线圈短路或断路 ④ 火花塞被击穿 ⑤ 导线插头脱开 ⑥ 曲轴箱严重漏气 ⑦ 发动机过热造成"抱瓦拉缸"
故障诊断排除程序	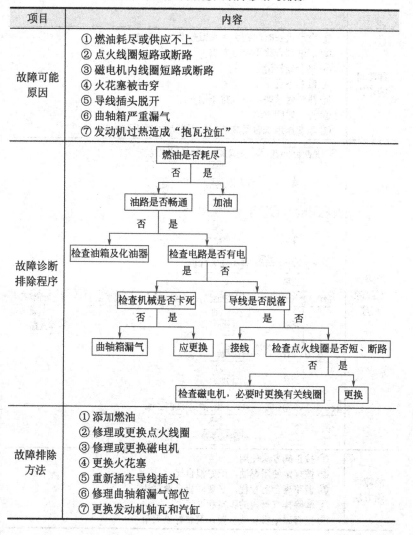
故障排除方法	① 添加燃油 ② 修理或更换点火线圈 ③ 修理或更换磁电机 ④ 更换火花塞 ⑤ 重新插牢导线插头 ⑥ 修理曲轴箱漏气部位 ⑦ 更换发动机轴瓦和汽缸

105

三、发动机过热故障

发动机过热故障诊断与排除见表2-6。

表2-6　发动机过热故障诊断与排除

项目	内容
故障可能原因	① 发动机长时间在大功率或超负荷下工作 ② 燃油混合比不符合要求 ③ 离合器打滑 ④ 散热不良 ⑤ 排气管堵塞，废气排不出 ⑥ 点火时间过迟 ⑦ 车在原地长时间高速运转而发动机得不到冷却
故障诊断排除程序	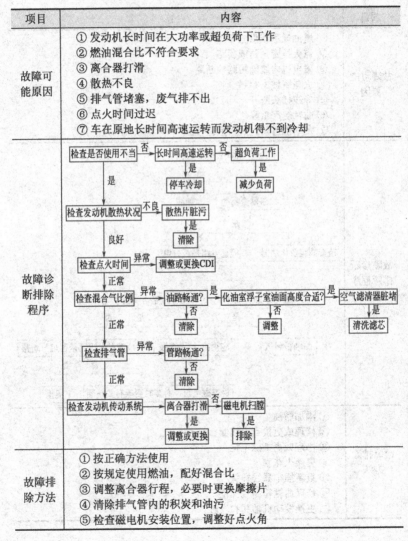
故障排除方法	① 按正确方法使用 ② 按规定使用燃油，配好混合比 ③ 调整离合器行程，必要时更换摩擦片 ④ 清除排气管内的积炭和油污 ⑤ 检查磁电机安装位置，调整好点火角

四、发动机功率不足故障

发动机功率不足故障诊断与排除见表2-7。

表2-7　发动机功率不足故障诊断与排除

项目	内容
故障可能原因	① 混合气过浓或过稀 ② 火花塞断火或火花太弱 ③ 点火时间过早或过迟 ④ 燃油率过低，发动机漏气 ⑤ 空气滤清器堵塞
故障诊断排除程序	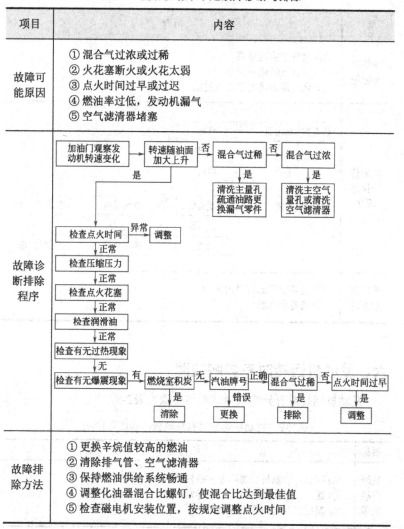
故障排除方法	① 更换辛烷值较高的燃油 ② 清除排气管、空气滤清器 ③ 保持燃油供给系统畅通 ④ 调整化油器混合比螺钉，使混合比达到最佳值 ⑤ 检查磁电机安装位置，按规定调整点火时间

五、发动机排气管冒黑烟故障

发动机排气管冒黑烟故障诊断与排除见表2-8。

表2-8　发动机排气管冒黑烟诊断与排除

项目	内容
故障可能原因	① 空气滤清器堵塞 ② 混合气燃烧不完全 ③ 化油器提供的混合气过浓
故障诊断排除程序	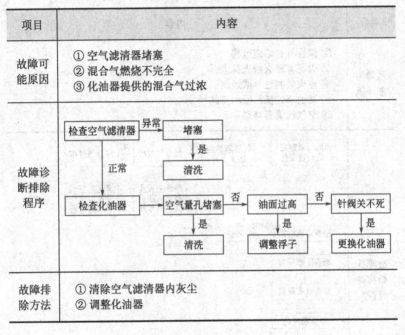
故障排除方法	① 清除空气滤清器内灰尘 ② 调整化油器

六、发动机运转时有异响故障

发动机运转时有异响故障诊断与排除见表2-9。

表2-9　发动机运转时有异响故障诊断与排除

项目	内容
故障可能原因	① 汽缸、活塞与活塞环部件的异常响声 ② 连杆、曲轴与飞轮部位的异常响声 ③ 燃烧室发出的异常响声

续表

项目	内容
故障诊断排除程序	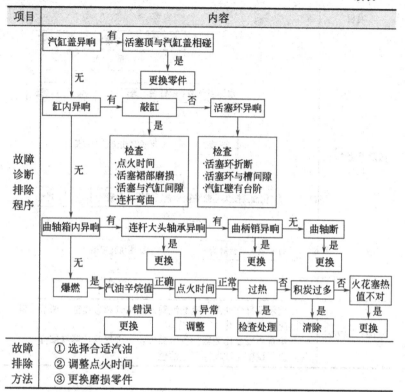
故障排除方法	① 选择合适汽油 ② 调整点火时间 ③ 更换磨损零件

七、发动机无怠速故障

发动机无怠速故障诊断与排除见表2-10。

表2-10 发动机无怠速故障诊断与排除

项目	内容
故障现象	油门转把不能完全放松，否则就会熄火
故障可能原因	① 化油器怠速截流阀调节螺钉和怠速空气调节螺钉调整不当 ② 怠速量孔堵塞 ③ 化油器接头、曲轴箱、进气阀片漏气 ④ 化油器浮子室油位过低

续表

项目	内容
故障诊断排除程序	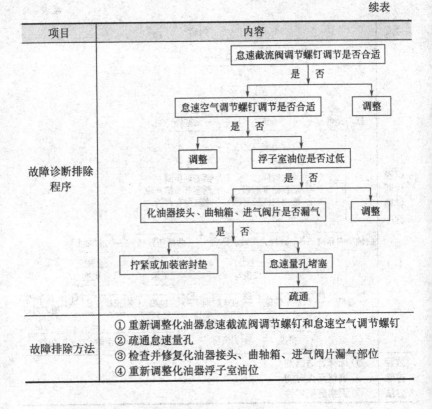
故障排除方法	① 重新调整化油器怠速截流阀调节螺钉和怠速空气调节螺钉 ② 疏通怠速量孔 ③ 检查并修复化油器接头、曲轴箱、进气阀片漏气部位 ④ 重新调整化油器浮子室油位

八、发动机怠速不稳故障

发动机怠速不稳故障诊断与排除见表2-11。

表2-11　发动机怠速不稳故障诊断与排除

项目	内容
故障现象	发动机怠速运转时，发动机抖动，转速忽高忽低，不稳定
故障可能原因	① 空气滤清器堵塞 ② 火花塞间隙过小 ③ 可燃混合气过浓或过稀 ④ 点火时间过早

续表

项目	内容
故障诊断排除程序	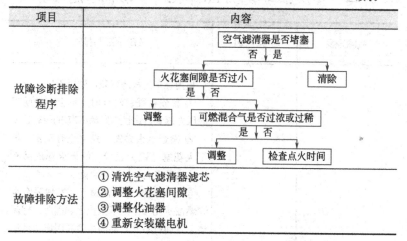
故障排除方法	① 清洗空气滤清器滤芯 ② 调整火花塞间隙 ③ 调整化油器 ④ 重新安装磁电机

第五节 发动机典型维修实例

实例一 金城JC125摩托车行驶中发动机熄火再也无法启动

故障现象	故障原因	故障诊断与排除
一辆金城JC125摩托车，行驶途中发动机熄火后，再也无法启动	进气门有异物关闭不严而漏气	经检查发现，汽缸内压缩压力较低。根据故障现象分析，产生该故障的常见原因，一是气门杆被顶弯，造成严重漏气；二是气门调整螺母松动，导致间隙不对而漏气。按下述方法进行检查 ① 打开气门室盖，检查进排气门调整螺母，正常 ② 检查气门间隙，也正常。拆下汽缸头，将燃烧室内注满汽油，随后即发现注入的汽油从进气门（即化油器接口处）流出，证明进气门漏气 ③ 将进气门拆下取出，发现进气门上与汽缸头接合处，粘有一粒小铁屑，由此推断是这粒小铁屑挤压在进气门与缸头接合处，使进气门关闭不严，造成发动机严重漏气而无法启动 ④ 将铁屑取出后，重新安装好进气门，装好汽缸头 ⑤ 启动发动机并上路试车，发动机启动顺利，车辆行驶过程中各速行驶正常，故障排除

实例二　重庆雅马哈CY80摩托车发动机不能启动

故障现象	故障原因	故障诊断与排除
一辆重庆CY80摩托车，车主说按正常启动方法启动发动机，连踩启动杆十几次，只听到排气管"突、突"的响声，发动机没有启动着车迹象	化油器浮子针阀卡死不能进油	根据该车的故障现象，做以下检查 ① 首先在踩启动杆时，脚上有较明显的压力感觉，这说明发动机汽缸压缩正常 ② 检查点火系统，点火正时正常。拆下火花塞做跳火试验，结果火花连续有力，说明点火系统工作良好 ③ 拧下化油器放油螺钉，发现只有少许燃油从化油器浮子室流出。因此，判断该车发动机不能启动的故障原因出在供油系统上 ④ 检修时，首先打开油箱盖进行检查，有油并且油箱盖通气孔畅通无堵塞 ⑤ 拔下输油管，打开燃油开关，从燃油开关口流出的燃油很多，流量正常 ⑥ 检查输油管也无堵塞。因此可以判断，化油器浮子针阀已不能进油 ⑦ 卸下化油器并分解检查，发现浮子已卡死，这样就造成浮子针阀处于关闭状态，燃油流不进浮子室，因而使发动机无法启动 ⑧ 清洗化油器，排除浮子卡死故障，然后按要求复装（CY80的标准浮子高度为23mm±1mm） ⑨ 试启动发动机，结果发动机启动顺利，怠速运转正常，驾驶车辆进行路试，车辆行走有力，加速性能良好，故障得以排除

实例三 清洗化油器后，出现了发动机难启动、油耗偏大、加速性能差的故障

故障现象	故障原因	故障诊断与排除
一辆单缸125踏板式摩托车，因化油器量孔堵塞去维修站进行清洗后，出现了发动机难启动、油耗偏大、加速性能差的故障。维修工检查了汽缸压缩压力，检查化油器油位，调整化油器混合气调整螺钉，更换火花塞，保养空滤器等，仍未能找出其根源所在	化油器和空气滤清器处有异物	① 因该发动机的故障是综合性的，故首先检查化油器自动加浓阀工作是否正常 ② 启动发动机，热机5min后，观察发动机排气状况，未见冒黑烟现象，且发动机转速由高到低，确认加浓装置工作正常 ③ 拆下火花塞试火，其火花呈蓝白色，但火花塞电极颜色却为灰黑色，说明该机混合气存在过浓现象 ④ 仔细检查化油器时意外发现，该化油器的通气平衡橡胶软管内有异物 ⑤ 取出后启动发动机，竟然一次启动成功，但排气仍冒黑烟 ⑥ 拆开空滤器滤芯检查，有轻微堵塞现象，吹洗干净后试车，故障依旧 ⑦ 为验证故障，暂不装空气滤清器盖，支起摩托车中撑支架，启动发动机 ⑧ 稍暖暖车，拉油门至高速，发动机排气正常，未见黑烟冒出。由此说明故障疑点出在空气滤清器盖上 ⑨ 仔细察看空滤器盖发现，其进气腔的U形弯道处塞有一块白色泡沫。原来是人为因素造成了该机的综合故障 ⑩ 去除异物后启动发动机，热机片刻后上路行驶，发动机加速迅速，排气冒黑烟现象消失，故障排除

实例四　宗申90型摩托车在1挡行驶时启动杆有反弹现象，其他挡位在行驶过程中一切正常

故障现象	故障原因	故障诊断与排除
一辆宗申90型摩托车，据车主讲，摩托车在1挡行驶时启动杆有反弹现象，其他挡位在行驶过程中一切正常	发动机的滚针、副轴损坏	该故障是典型的发动机故障 ① 分解发动机，发现发动机的副轴滚针已严重损坏，副轴也有损坏 ② 更换副轴滚针、副轴 ③ 复装发动机后启动，摩托车在1挡行驶中没有出现启动杆反弹现象，故障排除 　　分析故障得知，发动机的滚针、副轴出现损坏，使副轴1挡齿轮出现很大的径向间隙，造成了副轴1挡齿轮和启动齿轮有连挡现象，所以摩托车在1挡行驶时启动杆有反弹现象而其他挡位正常

实例五　车辆行驶时排气消音器冒蓝烟

故障现象	故障原因	故障诊断与排除
一辆某品牌125跨式摩托车行驶三万余千米后，出现了排气冒蓝烟现象。维修人员将车上的活塞、活塞环和气门导管油封全部更换，冷车时排气蓝烟稍好一点，但热车后故障依旧	汽缸筒不正常磨损后活塞环开口都在同一个方向导致机油上窜至燃烧室	① 在冷车时启动发动机，稍作暖车后上路骑行约3km，结果发现，排气消音器冒出较浓的蓝烟 ② 检查曲轴箱润滑油的油位：旋出油标尺用不起毛的稠布拭净其头部，再插入曲轴箱内后取出，观察油位确实在油标尺的上下限之间 ③ 用手检查润滑油的黏度，发现粘在手上感觉油的黏度也比较正常 ④ 询问维修人员得知，在更换活塞、活塞环、气门导管油封等零件时，取出汽缸体时发现两道活塞环开口都在同一个方向，且活塞顶上都有明显的油迹 ⑤ 为证实故障再度卸下汽缸体，观察活塞环开口在活塞组件上的位置，结果还如维修人员所讲，活塞环开口又窜到同一个方向，且该活塞上的组合油环弹性稍差 ⑥ 根据机械原理分析，活塞环是发动机中唯一作三个方向运动的零件（二冲程发动机除外），若汽缸筒因各种因素的影响产生不正常的磨损，汽缸的圆度会发生不同程度的变化，当汽缸内径磨损成椭圆形状时，活塞环在作周向方向运动时，受活塞环开口弹力的影响，其环的开口外伸至汽缸椭圆的最小直径处被阻，两道气环和油环片环先后重叠到同一个方向便不再转动了。再加上油环组件弹力下降，使窜油故障更加明显 ⑦ 为此，更换新的汽缸体总成，复装所拆零件后启动发动机，稍作暖车上路行驶10km，未见排气冒蓝烟现象，原故障排除

实例六 铃木GS125发动机自动熄火，不能再启动

故障现象	故障原因	故障诊断与排除
一辆铃木GS125行驶途中，排气管突然放炮，随后发动机自动熄火，再多次启动无效	排气门间隙过大	① 试启动发动机，打开点火开关，多次启动无效。但启动时，听到排气管有放炮声 ② 卸下火花塞，进行跳火试验，火花连续强烈 ③ 用手指堵住火花塞孔，踏动启动杆，手感冲击力很小，这说明汽缸压缩性很差 ④ 该车发动机的形式为四冲程风冷上置凸轮轴式发动机，出现上述故障多数情况下是排气门关闭不严引起的 ⑤ 检查结果，进气门间隙为0.09mm，符合0.08～0.13mm的范围要求，但是排气门间隙过大 ⑥ 检查排气门调节螺钉及锁紧螺母，无松动 ⑦ 卸下排气门检查，发现气门杆变形，因而导致排气门不能回位而关闭不严 ⑧ 检修时，更换排气门，清洗并复装所拆零部件 ⑨ 将气门间隙调整为0.08mm ⑩ 进行试车。发动机启动顺利，怠速运转正常。路试时，发动机动力良好，行驶正常，故障得以排除

实例七　风冷踏板摩托车行驶时汽缸头部有异常声响

故障现象	故障原因	故障诊断与排除
一辆某品牌单缸125风冷踏板摩托车行驶三万多千米后，出现异响故障，随着时间的推移，其声响越来越严重，且动力明显下降。维修工调整过气门间隙及张紧机构，但异常声响和动力不足故障仍未排除	润滑系统油道堵塞造成零件润滑不良产生异常磨损	① 打开点火开关，按启动按钮，发动机启动困难，试着用脚踏启动杆强行启动，并打开风门才能勉强着车 ② 发动机启动后用长柄旋具作听诊器，试听出汽缸盖上部发出尖锐的"哒哒"且有节奏的碰击声响。随着油门的加大，其声响更大，并在回油门时伴有杂乱声，系恶性故障的前兆 ③ 为防止机件出现重大损坏，立即关闭点火开关，打开汽缸盖罩，检查发现进、排气门间隙值偏大 ④ 拆卸气门摇臂组件发现，凸轮轴及摇臂处已经变色，凸轮轴和衬套磨损严重，基本无油迹，说明该机存在干摩擦状态，初步判定系润滑受阻造成此故障 ⑤ 放出曲轴箱内的机油，见有大量的金属屑 ⑥ 随即打开右曲轴箱盖，拆下机油泵观察其滤网，已被异物堵塞 ⑦ 分解汽缸盖和汽缸体仔细查看，其曲轴箱与汽缸体结合面的油道被胶状物堵塞 ⑧ 估计是上次检修时密封胶液涂得过多，不慎流入油道，堵塞油道，使汽缸盖配气机构在干摩擦状态下运转，从而引起汽缸盖上面的零件产生异常磨损，破坏了配气机构的正常配合而发出"哒哒"声 ⑨ 清除机油泵滤油网的金属余屑及污物，洗净油道上的胶状物，清洗机油泵，更换凸轮轴及衬套、气门摇臂 ⑩ 为稳妥起见，又更换了受损的汽缸体和活塞、活塞环组件 ⑪ 复装发动机，加注专用四冲程润滑油至规定油位 ⑫ 启动车辆，稍作预热后挂挡起步，发动机声音正常，汽缸头部的异常声响消失，原故障排除

第三章

传动系统的维修

第一节　传动系统的拆装

一、传动系统拆卸前的准备要点

（1）要准备适当的拆装工具和清洁设备，以便干净有效地进行工作。

（2）拆卸前，启动发动机预热约10min，然后使发动机熄火。

（3）如图3-1所示，拆下变速器放油螺栓，放出变速器润滑油。

（4）如图3-2所示，把燃油箱的开关拧到关闭（OFF）位置，必要时放净燃油。

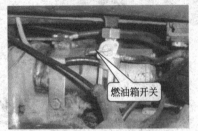

图3-1　拆下变速器放油螺栓　　　　图3-2　关闭燃油箱开关

（5）拆开连接蓄电池的正、负两根导线，取下蓄电池。

小提示

　　◆拆卸前，要把发动机外部附着的泥土等杂物清除干净，以防止杂质掉落到发动机内部。

　　◆在拆散发动机时，一定要按拆卸顺序把所有拆下的零件清洗干净，并放置在盘内，以便装配时快捷无误。

二、离合器的拆装

1　离合器的拆卸

（1）用梅花扳手卸下启动杆螺栓，取下启动杆，如图3-3所示。

（2）如图3-4所示，拧下曲轴箱侧盖的紧固螺栓。

图3-3　拆下启动杆螺栓和启动杆　　　图3-4　拆下曲轴箱侧盖螺栓

（3）如图3-5所示，用尼龙锤子轻轻敲击曲轴箱侧盖，取下曲轴箱侧盖和曲轴箱侧盖垫。

（4）如图3-6所示，拆下离心式机油泵滤清器。

曲轴箱侧盖垫

机油泵滤清器

图3-5　取下曲轴箱侧盖和曲轴箱侧盖垫　　图3-6　拆下机油泵滤清器

（5）如图3-7所示，松开紧固螺栓，取下推盘和离合器弹簧。

（6）如图3-8所示，取下离合器卡环。

螺栓

离合器卡环

图3-7　松开紧固螺栓　　　　　　图3-8　取下离合器卡环

（7）如图3-9所示，取出所有的从动盘和摩擦片。

（8）如图3-10所示，取下主动盘。

从动盘

摩擦片

主动盘

图3-9　取出从动盘和摩擦片　　　　图3-10　取下主动盘

2　离合器的安装

按照与拆卸相反的顺序重新安装离合器。

小提示

◆检查弹簧圈安装是否牢固。

◆应注意使离合器弹簧底部保持与离合器从动盘底部相同的高度（必要时也可伸出，但不能过长，以免划碰主动盘）。

◆注意不要漏装主、从动盘之间的垫片。

◆使用特殊工具把紧离合器锁紧螺母，同时不要忘记锁紧垫片要翻边。

三、变速器的拆装

1 变速器的拆卸

按上述方法先拆卸离合器后，然后进行下面的内容。

（1）如图3-11所示，抽出变挡杆。

（2）如图3-12所示，拆下限位片和定杆轮。

变挡杆

图3-11 抽出变挡杆

定杆轮

限位片

图3-12 拆下限位片和定杆轮

（3）如图3-13所示，分解曲轴箱。

（4）如图3-14所示，拔下拨叉轴，取下拨叉。

（5）如图3-15所示，拿下变速鼓，拔下变速器主轴（输入轴）和副轴（输出轴）。

曲轴箱

拨叉轴

拨叉

图3-13　分解曲轴箱　　　图3-14　拨下拨叉轴并取下拨叉

副轴

主轴

图3-15　拨下变速器主轴和副轴

2　变速器的安装

按照与拆卸相反的程序安装变速器。

小提示

◆重新装配变速器时，应注意垫圈和弹簧圈的定位和位置。
◆按规定力矩拧紧变速器上的紧固螺栓。

四、传动（主动）链轮和链条的拆装

1　传动链轮和链条的拆卸

（1）如图3-16所示，传动链轮安装在发动机输出轴上。拆下曲轴箱盖，露出传动链轮。

传动链轮

图3-16　传动链轮的位置

（2）先找到传动链的活节，然后把它拆下来。如图3-17所示，取下链条。

（3）拆卸传动链轮的固定螺钉，将固定片旋转30°，拿下固定片和传动链轮，如图3-18所示。

链条

图3-17　取下链条

传动链轮

图3-18　取下传动链轮

2　传动链轮和链条的安装

传动链轮和链条的安装按拆卸的相反顺序进行，安装后检查链轮的工作是否正常。

小提示

◆在装配时，要清理链轮和链条，使之清洁干净。

◆一定要交叉拧紧传动链轮的固定螺母，并按规定的拧紧力矩紧固定螺母。

第二节　传动系统的检查与调整

一、离合器的调整

1　摩托车离合器检查调整后应达到的标准

（1）分离彻底，无拖滞。

（2）接合平稳柔和，无冲撞。

（3）工作可靠，运行时无异常响声。

2　二轮摩托车离合器的检查调整

　　对离合器的调整，主要是保证离合器握把有一定的自由行程，规定值为10～20mm，如图3-19所示。

　　调整的方法如图3-20所示，拧松锁紧螺母，转动调整螺母即可改变自由行程的大小。微小或精密的调整，可利用握把头部上的调整螺母进行，如图3-21所示。

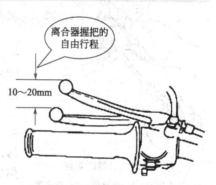

图3-19　离合器握把的自由行程

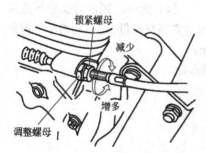

图3-20　离合器自由行程的调整

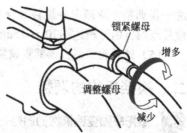

图3-21　离合器自由行程的微调

小提示

◆调整好的离合器，在车辆突然加速时应无打滑现象（即接合可靠）。

◆在后轮悬空发动机挂挡运转的情况下，当握紧离合器握把时，后轮应能逐渐停止转动（即分离彻底）。

3 三轮摩托车离合器的调整

图3-22 离合器的调整

1—联动凸轮；2—分离臂；3—离合器钢索调整螺母；4—调整螺钉

（1）将图3-22中的离合器钢索调整螺母3松开，使钢索处于松弛状态。

（2）将调整螺钉4自外向内旋转，使分离臂2与联动凸轮1的凹面刚好接触，用手刚好使分离臂上的滚子能够转动。

（3）此时再将钢索固定螺钉松开，将离合器钢索调整螺母向内旋转，使外皮长度处于最短位置上，然后用手将内线轻轻拉紧，再旋转钢索固定螺钉。

（4）此外，还需对钢索外皮做进一步调整，逐渐向外旋转离合器钢索调整螺母3，直到离合器握把最外点的自由行程达到10～15mm。

（5）最后旋紧离合器钢索调整螺母。

二、换挡机构的调整

1 摩托车脚变速机构的调整

（1）摩托车变速机构的换挡过程，是通过踏动脚变速踏板或操纵手变速杆来实现的。

（2）若在行驶中发现用脚变速踏板换挡时挂不上挡（到挡位或过挡位），可用手变速杆挂挡。

（3）若仍挂不上，说明内部的接合套拨柱、扇形板磨损，应及时修理或更换。

（4）若用手变速杆能挂上挡，说明脚变速机构调整不当，应重新调整。

 小窍门

◆从低挡换高挡时不到位，拧出下调整螺钉少许。

◆从低挡换高挡时过挡位，拧进下调整螺钉少许。

◆从高挡换低挡时不到位，拧出上调整螺钉少许。

◆从高挡换低挡时过挡位，拧进上调整螺钉少许。

2 凸轮轴式换挡操纵机构的调整

（1）检查推拉臂两边的钩子与换挡凸轮轴上的滚针的距离是否相等，如图3-23所示。此时变速器应处在2、3、4挡中某一位置。

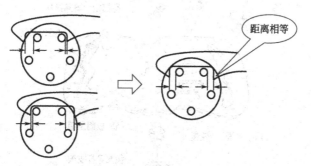

图3-23 检查距离

（2）若两边距离不等，应调整推拉板下方的偏心螺钉（图3-24），使两边距离相等。

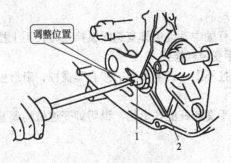

图 3-24   调整偏心螺钉

1—偏心螺钉；2—距离

（3）最后拧紧锁紧螺母。

3   凸轮板式换挡操纵机构的调整

（1）凸轮板式换挡操纵机构如图 3-25 所示。

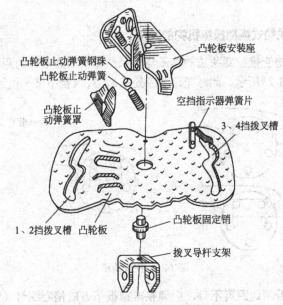

图 3-25   凸轮板式换挡操纵机构

（2）由于凸轮板止动弹簧在使用中位置会发生变化而使拨叉不能正确复位，此时，将凸轮板组合拆下来，夹在台虎钳上（图3-26）。

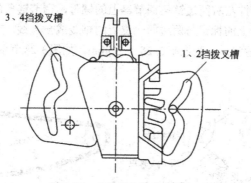

图3-26 凸轮板安装座的调整

（3）用锤子敲击凸轮板止动弹簧罩。

小提示

◆如果右方曲线槽的最内侧正处于挡位上，其挡位点（最内侧点）应在凸轮板止动弹簧钢珠中心线的垂直线上（即图3-26的水平线上）。

◆若挡位点高于水平线，应向左敲击凸轮板止动弹簧罩。

◆如果挡位点低于水平线，则向右敲击凸轮板止动弹簧罩。

（4）凸轮板的水平线可通过安装拨叉轴来模拟。若发现凸轮板松动和过分偏摆情况，应更换凸轮板固定销。

三、链条的调整

1 二轮摩托车传动链条的调整

调整时，应使后车轮与后平叉的左右距离保持相等，不要偏斜。具体调整顺序如下。

（1）拆下后车轮轴上的开口销，拧松后轴螺母，如图3-27所示。

（2）拧松后制动拉杆调节螺母。

（3）旋拧左右两边链条调节器上的螺母，调节链条的松紧，并使链条调节器上的标记与两边同一位置的刻线成一直线。链条的松动量（垂度）要适宜，一般控制在25～35mm，如图3-28所示。

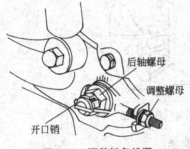

图3-27　调整链条松紧

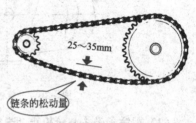

图3-28　允许松动量

（4）拧紧紧固螺母和后轴螺母，后轴螺母的扭力矩为50～60N·m。拧紧后，用新的开口销将后轴螺母锁住。

（5）重新检查链条的松紧。

2　三轮摩托车中、后链条的调整

（1）三轮摩托车中、后链条因暴露在灰尘中，很容易磨损，除经常需要清洁和润滑外，还要经常调整链条的垂度，避免产生不正常的撞击，加快其磨损速度。

（2）调整三轮摩托车链条时（以BM021A型三轮摩托车为例），必须先调整中链条，然后才能调整后链条。

（3）调整中链条时，需先将中间轴两端的紧固螺母4松开（图3-29）。

（4）再松开调整杆5上的锁紧螺母，这时即可转动调整杆上的调节螺母6，致使中间轴与推力杆3一起向后移动，直到使中链条垂度达到15～20mm时为止。

（5）最后旋紧中间轴紧固螺母4，中链条即调整完毕。

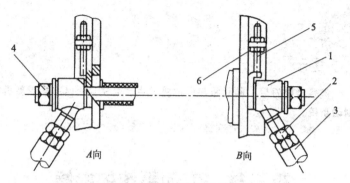

图3-29 三轮摩托车链条的调整

1—推力杆接头；2—推力杆锁紧螺母；3—推力杆；4—中间轴紧固螺母；
5—调链杆；6—调链杆调节螺母

（6）若中间轴已无法再向后移，而链条垂度仍超过规定数值要求，可将链条去掉两节。

（7）重新接链条时，应注意链条活动节的安装方向，其开口端应与链条运动方向相反。

小窍门

链条伸长太多就不能再使用了。其判断的方法是将链条包在链轮上，将中间部分的链条拉起来，若链条与链轮底径之间的间隙超过1/2齿高，此链条就应报废。

（8）后链条的调整方法（见图3-29）。

①松开两推力杆上的锁紧螺母2。

②转动两推力杆3，使之向左转。

③此时后桥及后钢板弹簧即向后移动，使后链条张紧。

④要同时转动两推力杆以保证后桥与车的纵轴线垂直后移。后链条的松动量（垂度）应为20～30mm。

⑤最后旋紧推力杆锁紧螺母2。

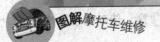

小提示

链条调整好后，因后桥前后位置发生了变化，所以需要重新调整制动系统。

第三节　传动系统的检修

一、离合器的检修

摩托车常用离合器有自动离心蹄块式、手操纵湿式多片和自动湿式多片式三种。

（一）自动离心蹄块式离合器

（1）如图3-30所示，用内卡钳和直尺测量离合器外轮盘的内径。

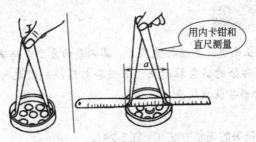

用内卡钳和直尺测量

图3-30　测量离合器外轮盘内径

（2）如图3-31所示，用游标卡尺检查离心块摩擦片的尺寸a。尺寸磨损至规定极限值时，必须更换离心块组合。不能单个更换离心块，以防止质量差过大重心不一致造成不平衡。

（3）将离心块拉簧拉长至工作长度，检测弹力。拉簧间弹力差若超过规定值，应予以更换。更换的拉簧，必须是同一颜色标记。

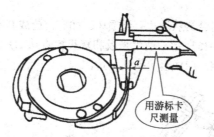

图3-31　测量离心块摩擦片的尺寸

（二）手操纵湿式多片离合器

（1）如图3-32所示，检查离合器外罩和内毂的齿、槽有无裂纹、磨损或损坏，如有，用锉刀修理或更换。

（2）检查离合器外罩槽与主动片（摩擦片）、内毂花键与从动片（离合器片）的配合间隙，如间隙过大，应予以更换。

（3）如图3-33所示，在四个位置测量主动片的厚度。如果超出规定值范围，应成套更换主动片。

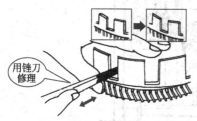

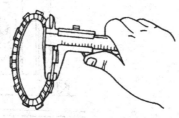

图3-32　离合器内毂和外罩的检修　　　图3-33　测量离合器主动片的厚度

（4）如图3-34所示，测量主动片的爪宽。如果超出规定值，应予以更换。

（5）检查离合器从动片有无损坏。如有，应成套更换从动片。

（6）如图3-35所示，使用平板和塞尺检查从动片的平面度。如果超出规定值范围，应成套更换从动片。

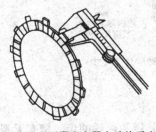 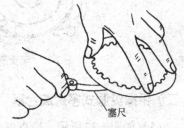

图3-34　测量离合器主动片爪宽　　　图3-35　测量从动片的平面度

（7）检查离合器弹簧有无损坏，如有，应成套更换弹簧。

（8）用游标卡尺检查离合器弹簧的自由长度，如果超出规定值范围，应成套更换弹簧。

（三）自动湿式多片式离合器

（1）调整离合器间隙。当离合器啮合转速或锁定转速不能达到规定值，需要调整离合器间隙（图3-36）。

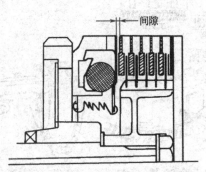

图3-36　调整自动湿式多片离合器间隙

◆当间隙值过大时，可用一个调整垫圈替换从动片。

◆当离合器啮合转速过高时，应减小调整垫圈厚度；当离合器不能分离时，应增大调整垫圈厚度。

（2）检查离合器盘表面有无划痕、裂缝或不均匀磨损，如有，应予以更换。用内卡钳和直尺测量离合器盘内径，如果超出规定值范围，应更换。

（3）检查从动片上有无碎屑、裂纹、不均匀磨损，并检查从动片槽深度 a（图3-37），若有裂纹、磨损或槽深度过小，应成套更换从动片。

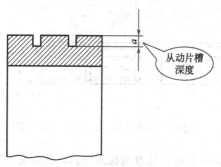

图3-37 检查从动片槽深度

（4）检查离合器弹簧有无拉长或断裂现象，并用游标卡尺测量弹簧的自由长度，如有损坏或自由长度不符合规定值，应成套更换弹簧。

二、变速器的检修

（1）检查换挡拨叉爪及销（与变速凸轮轴槽配合），若有划痕、弯曲、磨损或损坏，应更换。

（2）在平台上滚动拨叉轴，若有弯曲，应更换（不用校直）。

（3）如图3-38所示，检查变速凸轮轴槽，若有磨损、损坏或划痕，应予以更换。

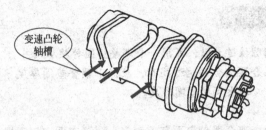

变速凸轮轴槽

图3-38 检查变速凸轮轴槽

（4）如图3-39所示，用V形铁（块）和百分表测量主轴、副轴的径向跳动量。若不符合规定值，应更换弯曲的轴。

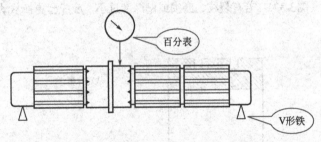

百分表

V形铁

图3-39 测量主轴、副轴的径向跳动量

（5）如图3-40所示，检查齿轮的轮齿，若有变色发蓝、点蚀或磨损，应予以更换。检查配合销和孔，若有边棱变形、裂纹或错位，应更换齿轮。

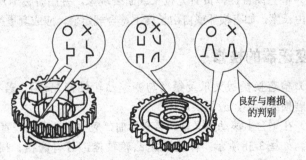

良好与磨损的判别

图3-40 检查齿轮

三、启动机构的检修

摩托车常用的启动方式有电启动和脚踏反冲启动两种。

（一）电启动机构

（1）检查电启动大小齿轮有无毛刺、碎屑、不平整磨损。如有，应进行更换。

（2）如图3-41所示按A、B箭头方向检查启动离合器的运转情况。

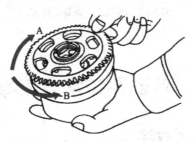

图3-41　检查启动离合器的运转情况

A,B—转动方向

小提示

◆先将启动大齿轮安装到启动离合器上，并且握住离合器。

◆按顺时针方向A转动启动大齿轮，离合器应与齿轮互相啮合。否则，说明离合器有故障，应予以更换。

◆按逆时针方向B转动大齿轮，离合器与齿轮应能自由转动。否则，说明离合器有故障，应予以更换。

（二）脚踏反冲启动机构

（1）检查启动大、小齿轮有无磨损或损坏。如有，应成对更换启动齿轮。

（2）如图3-42所示，用弹簧秤测量止转弹簧的摩擦力，如果超出规定值范围，应予以更换。

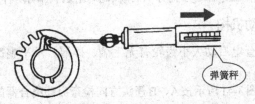

弹簧秤

图3-42　测量止转弹簧的摩擦力

第四节　传动系统常见故障的排除

一、离合器打滑故障

离合器打滑故障诊断与排除见表3-1。

表3-1　离合器打滑故障诊断与排除

项目	内容
故障现象	① 摩托车起步时，离合器握把虽已完全放松，但仍难以起步 ② 在行驶时，尽管加大油门，发动机转速很快提高，但车速未能随着发动机的转速相应增加，且在爬坡和重负荷时还有跑不起来的感觉，严重时可听到曲轴箱盖内发出的"咔啦、咔啦"的声响
故障可能原因	① 离合器操纵钢索自由行程太小，甚至没有 ② 离合器调节螺钉调整不当 ③ 离合器弹簧拉力不足或拉力不均 ④ 离合器片磨损 ⑤ 离合器操纵钢索钢丝被卡住 ⑥ 离合器主动盘磨出沟槽，阻滞主动片轴向移动

续表

项目	内容
故障诊断排除程序	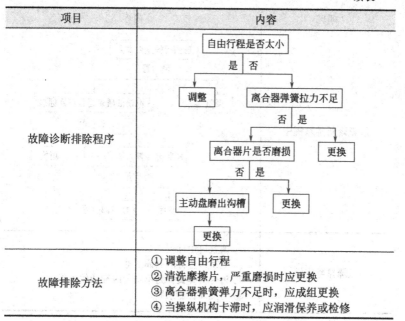
故障排除方法	① 调整自由行程 ② 清洗摩擦片，严重磨损时应更换 ③ 离合器弹簧弹力不足时，应成组更换 ④ 当操纵机构卡滞时，应润滑保养或检修

二、离合器分离不彻底故障

离合器分离不彻底故障诊断与排除见表3-2。

表3-2 离合器分离不彻底故障诊断与排除

项目	内容
故障现象	① 摩托车行驶时，虽握紧离合器把手仍不能有效降低车速 ② 挂挡换挡困难，换挡时变速箱内有齿轮撞击声 ③ 制动时发动机随着车辆的停止行驶而自动熄火
故障可能原因	① 离合器调整不当，自由行程太大，使实际作用在离合器上的行程小于离合器彻底分离所需的距离 ② 离合器压紧弹簧弹力不均 ③ 离合器润滑油的黏度太大或使用过久而稠化，造成主、从动片分离不彻底；离合器内有杂物

续表

项目	内容
故障诊断排除程序	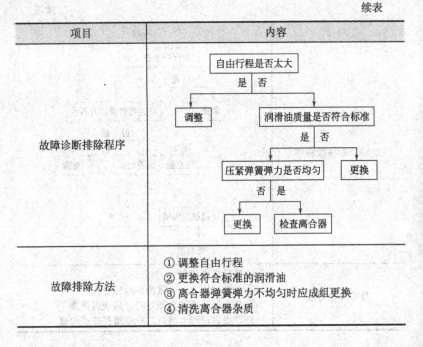
故障排除方法	① 调整自由行程 ② 更换符合标准的润滑油 ③ 离合器弹簧弹力不均匀时应成组更换 ④ 清洗离合器杂质

三、变速器换挡困难故障

变速器换挡困难故障诊断与排除见表3-3。

表3-3 变速器换挡困难故障诊断与排除

项目	内容
故障现象	摩托车行驶中，变换挡位或起步变挡时，发生齿轮撞击声，且齿轮难以啮合
故障可能原因	① 操作不当，离合器和油门配合不好，离合器分离不彻底 ② 发动机怠速过高 ③ 换挡凸轮上滑槽磨损 ④ 变速拨叉损坏 ⑤ 换挡凸轮挡板调整不当等

续表

项目	内容
故障诊断排除程序	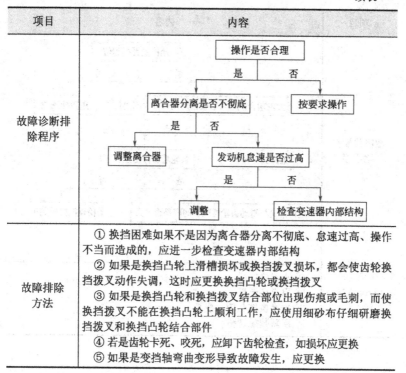
故障排除方法	① 换挡困难如果不是因为离合器分离不彻底、怠速过高、操作不当而造成的，应进一步检查变速器内部结构 ② 如果是换挡凸轮上滑槽损坏或换挡拨叉损坏，都会使齿轮换挡拨叉动作失调，这时应更换换挡凸轮或换挡拨叉 ③ 如果是换挡凸轮和换挡拨叉结合部位出现伤痕或毛刺，而使换挡拨叉不能在换挡凸轮上顺利工作，应使用细砂布仔细研磨换挡拨叉和换挡凸轮结合部件 ④ 若是齿轮卡死、咬死，应卸下齿轮检查，如损坏应更换 ⑤ 如果是变挡轴弯曲变形导致故障发生，应更换

四、变速器跳挡故障

变速器跳挡故障诊断与排除见表3-4。

表3-4 变速器跳挡故障诊断与排除

项目	内容
故障现象	在某一挡位行驶中，挡位不经操纵而自然退下
故障可能原因	① 操作不当，没有挂到位 ② 接合爪磨损，边缘成了圆角 ③ 换挡凸轮与拨叉磨损 ④ 装配调整不当，造成齿轮啮入不足

续表

项目	内容
故障诊断排除程序	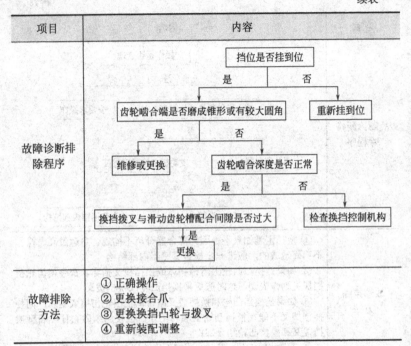
故障排除方法	① 正确操作 ② 更换接合爪 ③ 更换换挡凸轮与拨叉 ④ 重新装配调整

五、中间轴轴向窜动故障

中间轴轴向窜动故障诊断与排除见表3-5。

表3-5 中间轴轴向窜动故障诊断与排除

项目	内容
故障现象	使用离合器时变速箱内发出异常响声
故障可能原因	① 启动轴从动齿轮止推轴承损坏 ② 离合器轴承损坏
故障排除方法	① 更换启动轴从动齿轮止推轴承 ② 更换离合器轴承

六、变速器挂不上一挡故障

变速器挂不上一挡故障诊断与排除见表3-6。

表3-6 变速器挂不上一挡故障诊断与排除

项目	内容
故障现象	挂一挡，发动机内发出异常响声，且不走车，只能用二挡起步
故障可能原因	一挡从动齿轮装反
故障排除方法	按要求装好

七、启动杆打滑故障

启动杆打滑故障诊断与排除见表3-7。

表3-7 启动杆打滑故障诊断与排除

项目	内容
故障现象	启动杆很轻松地踏下去而发动机不启动
故障可能原因	① 启动掣子块边缘磨成了圆角 ② 启动掣子块顶销弹不起来 ③ 一级主动齿轮掉下
故障诊断排除程序	
故障排除方法	① 更换掣子块 ② 更换掣子块顶销弹簧 ③ 按要求装好一级主动齿轮

八、启动杆不回位故障

启动杆不回位故障诊断与排除见表3-8。

表3-8　启动杆不回位故障诊断与排除

项目	内容
故障现象	启动杆被踩下去后，弹不回来，并出现"嗒、嗒、嗒"响声
故障可能原因	① 启动回位弹簧弹力不够或折断 ② 启动轴与离合器侧盖孔配合过紧 ③ 启动轴变形
故障诊断排除程序	启动回位弹簧是否完好 是 → 启动轴与离合器侧盖孔配合是否正常 否 → 更换 否 → 调整 是 → 启动轴变形 → 更换
故障排除方法	① 更换启动回位弹簧 ② 调整启动轴与离合器侧盖孔配合位置 ③ 更换启动轴

九、启动杆踏不下故障

启动杆踏不下故障诊断与排除见表3-9。

表3-9　启动杆踏不下故障诊断与排除

项目	内容
故障现象	正常蹬踏启动杆时，启动杆踏不下去
故障可能原因	① 活塞"胀缸"或活塞环折断卡死 ② 曲轴箱内流入大量机油或已凝结，使曲轴无法转动 ③ 磁电机飞轮磁铁掉下卡住飞轮，使曲轴无法转动

续表

项目	内容
故障诊断排除程序	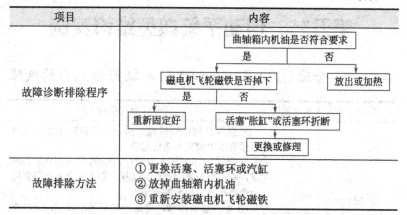
故障排除方法	① 更换活塞、活塞环或汽缸 ② 放掉曲轴箱内机油 ③ 重新安装磁电机飞轮磁铁

十、后传动中传动链条、链轮早期过度磨损故障

后传动中传动链条、链轮早期过度磨损故障诊断与排除见表3-10。

表3-10　后传动中传动链条、链轮早期过度磨损故障诊断与排除

项目	内容
故障现象	该种故障可通过日常检查和在运转中发现
故障可能原因	① 链条过紧 ② 前后链轮不在同一个平面内工作，加快了链轮、链条侧面的磨损 ③ 链条太脏、缺乏润滑
故障诊断排除程序	链条是否太脏、缺乏润滑 否　　是 链条是否过紧　　清洗、润滑 是　　　否 调整　　前后链轮不在同一个平面，应及时修理和调整
故障排除方法	① 调整过紧的链条 ② 当两链轮不在同一平面时，应及时找出原因并修复 ③ 链条应保持干净并加强润滑

第五节 传动系统典型维修实例

实例一 金城CJ70摩托车加速时车辆行驶无力的故障

故障现象	故障原因	故障诊断与排除
一辆金城CJ70摩托车，加速时车辆行驶无力，发动机加速迟滞	离合器预置压力调整不当	根据以往的维修经验分析，此类故障主要是离合器预置压力调整不当引起的 在金城CJ70摩托车发动机右侧的突起部分中心凹皱内有一个带锁紧螺母的螺栓，即为离合器的预置压力调整螺栓。调整的方法为 ① 松开锁紧螺母，将螺栓左旋至松脱点，此时离合器接合 ② 再右旋拧紧1/4～1/2圈，此时离合器切断 ③ 调好后，将锁紧螺母拧紧 ④ 如果调整不合适，当拧得过紧时会出现行驶无力、加速迟滞的现象；当过松时又会出现离合器在怠速时切不断的现象 故障原因找到后，按上述方法对离合器进行调整。调整后试车，摩托车加速时行驶正常，故障得以排除

实例二 铃木FA50摩托车有时加大油门车不走，行驶无力

故障现象	故障原因	故障诊断与排除
一辆铃木FA50摩托车，该车发动机起动艰难，加大油门仍不行走，途中行驶无力。加油不走车或行驶无力	摩擦片翘曲变形	铃木FA50摩托车使用湿式多片自动离心式离合器，使用这种类型离合器的摩托车还有重庆雅马哈CY80、铃木FR50/80、本田C50/70、本田CF50/70等，其故障现象、原因和排除方法基本相同，分析造成这种行车现象的故障可能有以下几个原因 ① 钢球磨损，导致离心力下降，相对于压板的压力下降，使主、从动片不能很好地贴在一起，产生打滑 ② 钢球、滚道均有磨损或毛刺，使钢球活动受阻，造成压板不产生应有的轴向移动

续表

故障现象	故障原因	故障诊断与排除
一辆铃木 FA50 摩托车，该车发动机起动艰难，加大油门仍不行走，途中行驶无力。加油不走车或行驶无力	摩擦片翘曲变形	③ 摩擦片磨损严重，当钢球达到最大位移时，主、从动摩擦片仍不能很好地贴合在一起 ④ 摩擦片断裂、硬化、翘曲变形，主、从动鼓的摩擦片导向槽磨损不均等原因也会引起离合器打滑 　根据以上故障原因分析，可作逐一检修 ① 拆开离合器，检查钢球、滚道是否磨损或有毛刺。若有毛刺，则去除毛刺；若磨损严重，则应更换钢球和滚道 ② 检查摩擦片厚度是否合适，有无翘曲变形、断裂或硬化现象，若有上述不良现象，应更换摩擦片；检查摩擦片凸起齿部的宽度，若其宽度不合格，应更换摩擦片；检查主、从动鼓导向槽是否平滑，其宽度要求在使用极限内，否则也应更换主、从动鼓 ③ 检查离合器弹簧的自由长度刚度，超过使用极限的，应更换弹簧 　通过检查，发现摩擦片翘曲变形。更换摩擦片后，试车，故障现象消失，故障得以排除

实例三　捷达 JD100 摩托车冷车时启动容易，热车启动时常感觉启动杆踏下无阻力的故障

故障现象	故障原因	故障诊断与排除
一辆捷达 JD100 四冲程新摩托车，冷车一脚启动，热车启动常感觉启动杆踏下无阻力，需慢慢多次踏动启动杆，感到有力后即可启动，启动后一切正常，更换合格机油及调整离合均无明显改善	离合器调整不当而打滑	根据上述现象分析，由于是新车，且启动后骑行一切正常，不会存在小链条掉落或拉缸、气门卡滞、气门变形等问题，故可排除汽缸压缩性不足的问题，并断定不启动的原因是曲轴没有运转。曲轴在踏下启动杆时不旋转的原因有两种 ① 离合器打滑。启动时启动轴旋转，将动力依次通过传动副轴一挡齿轮、主轴、主轴从动大齿轮、离合器，再通过离合器内外离合片的摩擦力将启动动力传到曲轴，驱动曲轴运转启动。若脚踏启动杆，无金属碰撞打滑声，则为离合系统问题 ② 启动机构存在打滑现象。即踏动启动杆，动力没有从启动轴上输送出去，这可通过踏下启动杆时细听是否有齿轮啮合打滑的声响来判断

故障现象	故障原因	故障诊断与排除
一辆捷达JD100四冲程新摩托车，冷车一脚启动，热车启动常感觉启动杆踏下无阻力，需慢慢多次踏动启动杆，感到有力后即可启动，启动后一切正常，更换合格机油及调整离合均无明显改善	离合器调整不当而打滑	观察离合器发现，本例属第一种故障。为此，可对离合系统做如下调整 ① 将离合线一端取下，离合摇臂回复到位，拆下离合调整小圆盖，松开锁紧螺母，将调整螺钉往外退出，然后缓缓往里旋进，直到手感到有接触阻力时停止旋进，将调整螺钉向外退出1/2～1/4圈，再将螺母锁紧 ② 装上离合拉线并调节，使离合手把有10～20mm的自由行程，若无自由行程须将离合线外套管剥去少许；自由行程过大无法调节则须在外套管上加上适当长套管或更换拉线解决。另外，离合摇臂提升、回复应运转自如，且回复到底应无卡滞现象，否则需在其转动处点上适量机油润滑，并在离合线下端装上合适的压缩弹簧。为使离合器传递的动力加大，可将直径12mm的弹簧垫圈夹在台钳上扳平后稍加扩大，垫在每根弹簧底下，以加大弹簧的压缩量，从而使离合片压紧力加大 　　经过此番处理，装车路试，离合器打滑现象彻底消失，踩踏启动杆，曲轴不运转的问题也彻底解决

实例四　嘉陵本田JH125摩托车变速器在三挡位置时，变速杆不能操作移动的故障

故障现象	故障原因	故障诊断与排除
一辆嘉陵本田JH125摩托车变速器在三挡位置时，既不能退挡也不能挂挡，变速杆不能移动	变速鼓定位板螺钉松动	造成此故障的原因有 ① 齿轮主轴弯曲 ② 变速鼓定位板变形或螺钉松动 ③ 拨叉变形或折断等 根据分析的上述原因，进行以下检查 ① 将机油放净 ② 分解曲轴箱右半部分，拆下排气管，右曲轴箱盖 ③ 拆下离合组件，取出主动齿轮和轴套 ④ 拆下挡圈和从动齿轮组件 ⑤ 用手挡住变速鼓定位板推拉时，发现定位板螺钉松动 ⑥ 将定位板螺钉拧紧后，挂挡、退挡，灵活自如 ⑦ 将拆下的零件重新装好试车，故障排除

实例五 幸福XF125摩托车变速器换挡困难的故障

故障现象	故障原因	故障诊断与排除
一辆幸福XF125摩托车，当车辆在行驶时，有挂不上挡的感觉并伴有齿轮撞击声。一会儿后，撞击声消失，齿轮进入啮合，摩托车又可正常行驶	变速凸轮导向槽及导向销磨损较严重，配合间隙过大	根据故障现象，分析有以下原因可能造成变速器换挡困难的故障 ① 离合器分离不彻底，使齿轮在啮合时，轮齿的线速度不相等，造成齿轮撞击 ② 发动机怠速过高，使变速器主轴及主轴上主动齿轮转速过高，必须过很长时间，主动部分速度才能降低到等待啮合的一对齿轮的相同线速度，故有挂不上挡的感觉 ③ 换挡凸轮止动弹簧损坏，导致凸轮轴转动困难 ④ 变速拨叉变形、磨损严重，导致齿轮不能进入正确的啮合位置 ⑤ 变速凸轮导向槽和拨叉上的导向销严重磨损，使拨叉移位受影响 ⑥ 换挡时，操作动作不协调 根据以上的分析，按下面的流程进行检查 ① 检修时，检查确认发动机怠速正常 ② 支起支架，使摩托车后轮离地 ③ 启动发动机，分离离合器 ④ 摩托车挂上任一挡位时，驱动轮不转动，说明离合器分度彻底。故障肯定出在变速器内 ⑤ 拆卸变速器，检查换挡凸轮止动器及止动弹簧等均正常 ⑥ 再检查变速拨叉，确认无变形、磨损，其工作面宽度没有超过维修极限值4.70mm，且齿轮槽宽度也未超过5.18mm，均属正常 ⑦ 检查变速器主、副轴，无弯曲变形，轴承的轴向、径向间隙均正常，齿轮在轴上能正常移动 ⑧ 经仔细检查发现，变速凸轮导向槽及拨叉上的导向销磨损较严重，配合间隙过大，由此造成摩托车换挡困难 ⑨ 更换变速凸轮导向槽和导向销，修复装车后，故障即排除

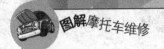

实例六 五羊本田250摩托车发动机运转正常，但车辆却无法行驶的故障

故障现象	故障原因	故障诊断与排除
一辆五羊本田250型摩托车，该车已经行驶46000km。一天在行驶途中突然停驶，发动机却未熄火，并且挂挡容易，各挡位感觉明显，但车子却无法行驶	使用不合格的劣质配件	根据该车故障现象分析，该车发动机工作正常，却突然停驶，按以下方法检查 ①首先应检查各传动部分链条、链轮机构是否有故障，经检查均正常 ②检查离合器操纵拉线、握把等均正常 ③从车架上拆下发动机，分解发动机，发现一个拨叉的拨叉销脱落，虽然变速杆可以变速，但只是拨动凸轮板转动而齿轮却不能变速 ④更换新的拨叉，发现各挡位变速非常困难，卡阻严重 ⑤经检查发现，凸轮板组合、拨叉均属劣质产品，凸轮板组合的曲线槽、拨叉的孔加工粗劣，质量极差，根本无法使用 ⑥可能是上次大修发动机时，为了使发动机能够变速，维修人员错误地将拨叉的弧线部位磨削变大，又将变速副轴在右曲轴箱体上的铜套轴承用刮刀加工成椭圆形，使主轴与副轴之间的轴距变大，拨叉同齿轮接触而变窄，这样做虽然可以变速，但遇到变速卡阻时，驾驶员急踩变速杆，使拨叉销被迫拉掉脱出，造成发动机停驶 ⑦分析故障原因是，把不合格的劣质品装在该车上，使车无法行驶。在此提醒维修人员及车主，在更换零件时一定要保证产品质量，宁可多花钱也要购买合格产品 ⑧更换合格的凸轮板组合、副轴铜套、拨叉后，组装发动机 ⑨装复所拆配件后，试启动发动机正常，行驶几十千米，一切良好，故障得以排除

第四章

行驶系统与操纵系统的维修

第一节　行驶系统与操纵系统的拆装

一、车轮的拆装

（一）前轮总成的拆装

前轮总成的拆装如图4-1所示。

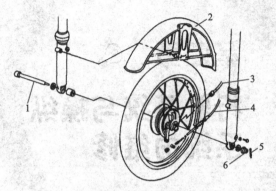

图4-1 前轮总成的拆装

1—前轮轴；2—挡泥板；3—速度里程表软轴；
4—制动钢丝绳；5—开口销；6—螺母

1 前轮总成的拆卸

（1）将摩托车用主车梯和千斤顶（或木箱）支起。

（2）拆开车速表传动软轴。

（3）拆下前制动钢丝绳和调节螺母，并拆开制动钢丝绳。

（4）拔出开口销，拆下前轮轴螺母（图4-2）。

（5）如图4-3所示，拔出前轮轴，取下车轮。

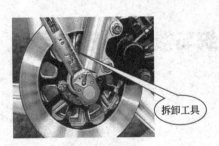

图4-2 拆下前轮轴螺母

图4-3 拔下前轮轴

（6）将前轮毂盖板从车轮上分离下来，如图4-4所示。

（7）拆下油封和轴承，如图4-5所示。

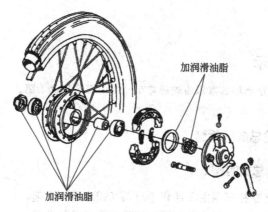

加润滑油脂

加润滑油脂

图4-4　分解前轮毂盖

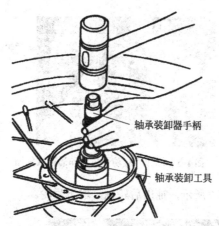

轴承装卸器手柄

轴承装卸工具

图4-5　拆下油封和轴承

2　前轮总成的安装

按照与拆卸相反的程序重新装配和安装前轮，同时应注意以下问题。

（1）将制动盘螺栓按规定扭矩固定，同时垫圈要翻边。

（2）用专用工具安装轴承。

（3）确认制动盘是否洁净，是否沾有油脂类污物。

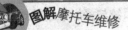

小提示

安装轴承和速度表齿轮箱之前，要为其涂抹润滑脂。

（二）后轮总成的拆装

1　后轮总成的拆卸

（1）将摩托车用主车梯和千斤顶（或木箱）支起。

（2）拆卸后传动护罩，再拆卸传动链条或传动带。

（3）如图4-6所示，拆下后制动器拉杆，放松后轮调整器。

后轮调整器

后制动器拉杆

图4-6　拆卸后制动器拉杆和后轮调整器

（4）如图4-7所示，抽出后轮轴，取下后轮。

后轮轴

图4-7　抽出后轮轴

（5）拆下油封和轴承。

2 后轮总成的安装

按照与拆卸相反的程序重新装配和安装后轮，同时应注意以下问题。

（1）安装轴承时要涂抹润滑脂。

（2）用专用工具安装轴承。

（3）确认制动盘是否洁净，是否沾有油脂类污物。

（4）将制动盘螺栓按规定扭矩固定，同时垫圈要翻边。

小提示

安装轴承之前，要为其涂抹润滑脂。

二、减震器的拆装

（一）前减震器的拆装

1 前减震器的拆卸

（1）按上面所述方法拆下前轮，然后拧下前挡泥板与前叉底筒的连接螺栓，取下前挡泥板。

（2）如图4-8所示，拧下方向柱连接板上面与前叉管连接的螺栓。

（3）如图4-9所示，拆下下连接板侧面两个夹紧前叉管的螺栓。

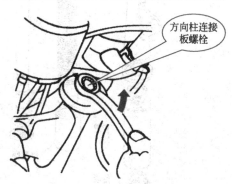

方向柱连接板螺栓

图4-8 拧下方向柱连接板螺栓

（4）如图4-10所示，抽出左、右减震器（不包括上、下罩等零件）。

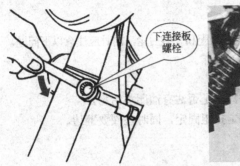

图4-9　拆下下连接板螺栓

图4-10　抽出减震器

（5）分别拧下左、右减震筒组件上靠近底筒端部的放油螺塞，将筒内液压油排放干净。

（6）依次从前叉管上取下套盖、上导向套、弹簧、下导向套和弹簧座（图4-11）。

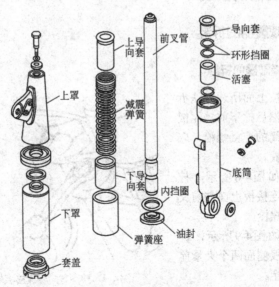

图4-11　前叉管的拆卸

（7）用卡环钳拆下内挡圈（图4-12），然后拉出前叉管，再依次拆下油封、导向套、环形挡圈和活塞。

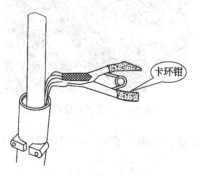

图4-12 拆卸内挡圈

2 前减震器的装配

为确保行车安全舒适，前减震器必须按以下顺序装配。

（1）将待装配的所有零件清洗干净，并归类放好。

（2）将前叉活塞安装在前叉管上并装好环形挡圈，然后依次将导向套、油封及内挡圈套在前叉管上。

（3）将前叉管插入底筒中，并将导向套和油封装入底筒内用内挡圈定位。

（4）在前叉管上依次套上弹簧座、下导向套、减震弹簧、上导向套和套盖。

（5）装上并拧紧底筒上的放油螺塞，然后在前叉管顶部螺孔内注入规定量的液压油。注意前叉管不可倒罩，且左右减震筒内的液压油油量应相等。

（6）将减震筒穿入下连接板孔内直到推不动为止，然后稍稍拧紧下连接侧面的夹紧螺栓，使减震筒不至下滑。

（7）两减震筒装上后，在底筒下部搁一支承物，用力压缩减震弹簧使前叉头部进入上连接板孔内，然后装上并拧紧上连接板螺栓，拧紧力矩为25～35N·m。接着再拧紧下连接板螺栓（图4-13），拧紧力矩为25～35N·m。

图4-13　拧紧下连接板螺栓

（8）依次装上前挡泥板、前轮、里程表软轴及前制动操纵钢索。

小提示

装好减震器后，握住方向把用力往下按几次，看减震器是否上下运动自如，若运动有阻力，应重新安装。

（二）后减震器的拆装

1 后减震器的拆卸

（1）支起摩托车主支架，然后拆下后减震器的上、下盖形螺母，取下后减震器，如图4-14所示。

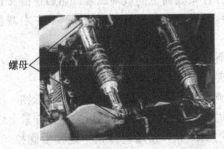

图4-14　拆下后减震器的上、下盖形螺母

（2）如图4-15所示，将减震压缩器（专用工具）套在减震筒上，把缓冲弹簧压缩到恰好能将锁紧螺母拆出为止。

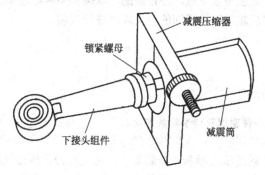

图4-15 套装减震压缩器

（3）扭松锁紧螺母，拆除下接头组件，然后将减震器分解（图4-16）。注意阻尼器组件为一个整体，不能拆开。

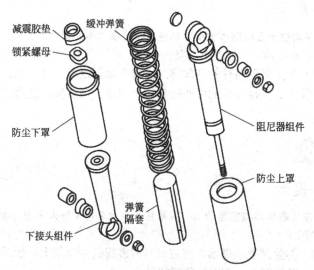

图4-16 减震器的分解

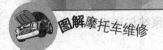

2　后减震器的装配

后减震器应按以下顺序进行装配，以确保乘骑舒适和行车安全。

（1）将后减震器按拆卸的相反顺序进行组装。

小提示

缓冲弹簧密端应朝下接头方向。

（2）把减震压缩顺套在减震筒上，将缓冲弹簧压缩到阻尼器组件杆部螺纹完全露出为止，然后在杆部螺纹处涂上粘接剂。

小提示

不可过分压缩缓冲弹簧，以免使弹簧疲劳不能复位。

（3）在阻尼器组件的杆部螺纹上套上锁紧螺母，再拧上、下接头组件，使上、下接头孔的中心距离符合规定，然后按规定力矩拧紧锁紧螺母。

小提示

左、右两边减震筒的上、下接头孔中心之差不得大于规定值。

（4）拆除减震压缩器，将左、右减震筒装到车架上，然后装上并按规定力矩拧紧上、下端的盖形螺母。

小提示

上、下接头两面都应装平垫圈。

◆装好减震器后，使后轮着地，将座垫往下用力按几次，看减震器是否上下活动自如。若运动有阻力，应重新安装。

三、制动器的拆装

（一）盘式制动器的拆装

1 盘式制动器的拆卸

（1）先排除液压油，再旋下液压油管接头螺栓，然后拆下液压油管。

（2）拧下制动钳固定螺栓，拔下制动钳轴，将制动钳从前叉上卸下。

（3）拆下摩擦片、弹簧片、橡胶防尘罩、轴套等，如图4-17所示。

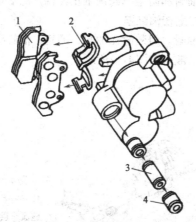

图4-17 拆卸制动钳

1—摩擦片；2—弹簧片；3—轴套；4—防尘罩

图4-18　用压缩气体卸下活塞

（4）为了防止液压油腐蚀机件和活塞飞出，用布将制动油缸包好。

（5）将活塞向下，用压缩空气对准液压油管接口，将活塞轻轻吹出。注意不要用高压气体，压缩气喷嘴也不要紧靠着液压油管接口，绝对不要将手指伸进油缸中，如图4-18所示。

2　盘式制动器的安装

小提示

所有内部零件仅限于使用新的制动液进行清洗；安装时，内部零件应该用制动液加以润滑。一旦卡钳进行解体，应更换活塞密封件。

（1）将活塞油封和防尘罩向油缸里面推，然后取出，用液压油清洗油缸，注意不要划伤油缸壁。

（2）换上新油封。组装时在油封、活塞、油缸壁上薄薄地涂上一层硅润滑脂或制动液，如图4-19所示。

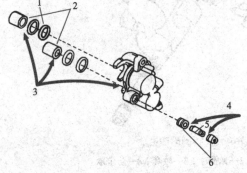

图4-19　液压件的安装

1—油封；2—活塞；3—薄薄地涂一层硅润滑脂或制动液；4—涂抹硅润滑脂；5—轴套；6—橡胶防尘罩

（3）安装橡胶防尘罩时，要涂抹硅润滑脂。

（4）防尘罩要嵌入轴套的槽内。若防尘罩损坏或老化，应更换新件。

（二）前制动器主油缸的拆装

1 前制动器主油缸的拆卸

（1）先排净液压油。

（2）卸下制动器主油缸壳体上的后视镜以及制动闸把、液压油管等。

（3）拧下固定螺栓，取下制动主油缸，如图4-20所示。

（4）从主油缸体上拆下停车灯开关、密封盖、膜片、防尘罩等，然后用弹簧钳卸下弹簧卡环，拆下副皮碗、活塞、主皮碗、弹簧等，如图4-21所示。

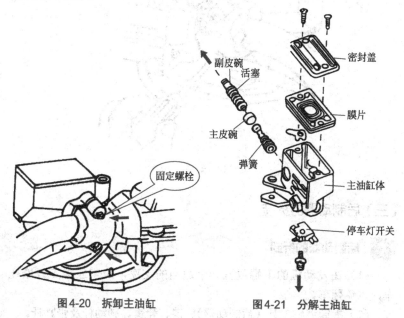

图4-20　拆卸主油缸　　　　图4-21　分解主油缸

（5）用液压油清洗干净主油缸体，并检查缸体的损伤及磨损程度，若已超过使用极限数值，应更换新件。

2　前制动器主油缸的安装

（1）在活塞皮碗上涂抹硅润滑脂或液压油。

（2）向储油罐中注入少量液压油，然后进行组装。

（3）装上活塞卡环、停车灯开关。

（4）将主油缸壳和固定夹一起安装在车把上。

（5）固定夹上的UP标记朝上，突出部分要与车把上的冲点标记对正，先拧紧上面的固定螺栓，再拧紧下面的固定螺栓，如图4-22所示。

（6）装上液压油管和垫圈，拧紧固定螺栓。

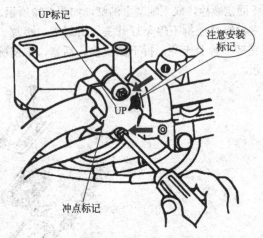

图4-22　安装主油缸

（三）后制动器的拆装

1　后制动器的拆卸

（1）在发动机的下端放置一个适当的支座，应牢靠地支好摩托车，以免翻车。

（2）拆卸调整工具（后制动器）、销、弹簧、制动杆及张紧杆。

（3）拆卸开口销、螺母（后轮轴）、平垫圈、后轮轴及套环。

（4）拆卸后轮。向前推动后轮并且将驱动链从后链轮上断开。

（5）拆卸离合器毂、橡胶减震器及制动盘。

（6）拆卸制动闸瓦、制动器凸轮轴杆、磨损指示器及制动器凸轮轴。

2　后制动器的安装

安装按与拆卸相反的步骤进行，同时要注意以下内容。

（1）润滑轴承、油封。推荐润滑剂为锂皂基润滑脂。

（2）安装制动器凸轮轴、磨损指示器及制动器凸轮轴杠杆。

（3）安装制动器闸瓦到制动器闸瓦蹄卡上。

（4）按规定力矩拧紧后轮轴螺母及张紧杆螺母。

（5）安装开口销。

小提示

安装开口销时，应弯曲金属片端部。一定要使用新的开口销，用于车轴螺母上。

第二节　行驶系统与操纵系统的检查与调整

一、制动器的调整

1　前轮制动器的调整

（1）前制动握把自由间隙的调整如图4-23所示，首先将防松螺母1拧松，转动调整器2，使自由间隙Δ为3～8mm。这个自由间隙是为了保证车辆在不制动时，前轮可以自由转动而无阻滞。

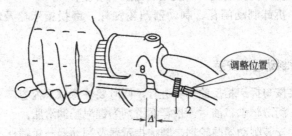

图4-23　前制动握把自由间隙的调整

1—防松螺母；2—调整器

（2）前轮制动力的调整如图4-24所示，松开锁紧螺母1，转动调整器2，通过调整制动钢索的松紧来调整前制动的制动力。

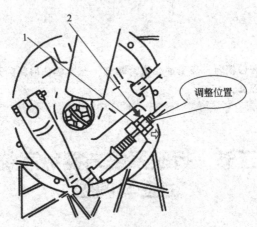

图4-24　调整前轮制动力

1—锁紧螺母；2—调整器

2　后轮制动器的调整

后轮制动器的调整如图4-25所示，首先保证制动踏板的自由行程1为20～30mm，然后通过转动调整螺母2来调整后轮制动力。

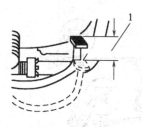
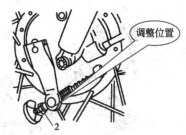

(a) 制动踏板自由行程　　　(b) 调整后轮制动器

图4-25　后轮制动的调整

1—自由行程；2—调整螺母

3　摩托车液压制动系统的放气

（1）在油箱内添加适当的制动液。

（2）安装膜片。应小心，以防使任何制动液溅出或从油箱溢出。

（3）使清扫的塑料管与卡式排放螺钉紧密连接。

（4）将管的另一端放入容器内。

（5）缓缓地启动制动手柄若干次。

（6）将手柄往回拉动。使手柄保持在一定位置。

（7）拧松排放螺钉并且使手柄运行至其极限位置。

（8）当手柄到达极限位置时，拧紧排放螺钉，然后释放手柄。

（9）重复步骤（5）～（8），直至气泡已经从系统中消除。

如果空气排放困难，可能要使制动液系统稳定几个小时；在系统内极小的气泡消失之前，应重复排放步骤。

（10）添加制动液至适当的水平。

4　三轮摩托车制动系统的调整

（1）三轮摩托车的前、后制动均为机械传动。前制动为拉线传动，后制动由一横拉板同时带动左、右轮的制动拉杆（图4-26）。

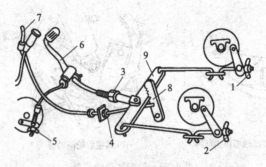

图4-26 制动器的调整

1—后制动调节螺母（右）；2—后制动调节螺母（左）；3—后制动拉杆调节螺钉；
4—停车制动拉线调节螺钉；5—前制动调节螺母；6—脚制动踏板；
7—停车制动握把；8—停车制动爪；9—后制动横拉板

（2）后制动的调整，主要是旋动左、右后制动调节螺母1、2。左、右螺母旋转的圈数要相等。旋转两螺母的结果应使脚制动踏板的自由行程达到30～40mm。调整后制动拉杆调节螺钉的目的是，使后制动踏板与发动机右大盖保持一定的间隙，以免产生干涉。

（3）制动系统最后的调整要在行驶状态下完成，要求车速在30km/h时，紧急制动时后轮的拖滞距离不大于5.9m，同时前轮应有轻微的拖滞痕迹。若前轮拖滞距离过长，会使车辆不稳。后轮拖滞左右不均时，可调整螺母1、2，前轮的调整主要是调整螺母5。

（4）三轮摩托车的停车制动系统一般是由右握把7来操纵的，通过拉线操纵停车制动爪8，当制动爪上的棘齿卡在横拉板9上时，即阻止了横拉板向后的移动，从而实现停车制动的目的。通过调整停车制动拉线调节螺钉4，应使停车制动握把7的自由行程保持在15～20mm之间。必须在调整好制动系统后才能调整停车制动，次序不能错。

5 日本铃木摩托车制动器的调整

（1）前制动器的调整

前制动器握把的自由行程通过图4-27所示的间隙1或间隙2来控制，一般间隙1为20～30mm，间隙2为50mm，其大小可由前轮上的调整螺母3加以调整。

（2）后制动器的调整

后制动器为脚踏制动，如图4-28所示。踏板的自由行程1应为20～30mm，可通过后轮上的调整螺母2加以调整。

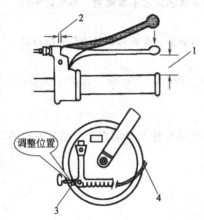
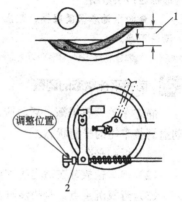

图4-27　前制动器握把自由行程的调整　　图4-28　后制动器踏板自由行程的调整

1,2—间隙；3—调整螺母；4—前制动钢索　　　　1—踏板自由行程；2—调整螺母

二、转向装置及车轮的调整

1　**轻便摩托车方向柱轴承间隙的调整**

（1）旋松方向柱连板上的盖形螺母。

（2）旋转调整螺母，一边调整一边检查轴承的松紧程度，直到推力轴承间隙松紧适当、转动灵活为止。

（3）拧紧方向柱上的连接板螺母。

小提示

◆一般新车行驶1000km和以后每行驶6000km时，应对前叉方向柱轴承进行分解，检查推力轴承的滚珠道的磨损程度。

◆如果个别滚珠磨损严重或破裂，而滚道良好时，则应更换全部滚珠。

◆若只更换损坏的滚珠，方向柱轴承间隙不易调整，而且更换的滚珠会很快磨损。

◆如果轴承滚道磨损，则应更换轴承，并将轴承及轴承装配部位清洗干净。

2 前轮平衡状态的调整

静态车轮调整平衡之后，应该调整车轮的平衡重。用已安装的制动盘调整车轮的平衡状态。

（1）拆卸平衡重。

（2）把车轮放置在适当的支架上。

（3）查找沉重点。查找步骤如下。

① 旋转车轮，然后等待车轮静止下来。

② 在静止车轮的最低部位标出一个"X1"标记。

③ 向上转动车轮，以便使"X1"标记移到相应的位置。

④ 将车轮用手使其转动，然后等待车轮静止下来。在车轮的最低部位标出另一标记"X2"。

⑤ 重复进行上述的②③④步骤数次，直到这些标记互为相符而位于同一部位为止。

⑥ 这个部位就是车轮的沉重点"X"。

（4）调整车轮平衡状态。调整步骤如下。

① 将平衡重准确地安装在与沉重点"X"相反位置的轮辋上。应从最小的平衡重开始安装。

② 向上转动车轮，使沉重点移到90°的位置。

③ 检查沉重点能否在该位置呈静止不动的状态。如果不能，则应依次更换平衡重，直至车轮呈完全平衡状态为止。

（5）检验车轮平衡状态。检验步骤如下。

① 转动车轮，使其位于相应的每一点。

② 检查车轮能否在每一点上均呈静止状态，如果不能，则应重新调整车轮的平衡状态。

3　轻便摩托车车轮径向、端面跳动量的调整

（1）车轮径向跳动量的调整。如图4-29所示，将前、后轮支承起来，将百分表测头压在轮辋内圈上，把百分表选好零位，慢慢转动车轮，百分表指针左右摆动的量就是车轮的径向跳动量。

百分表

图4-29　车轮径向跳动量的测量

小提示

如果车轮径向跳动的量过大，对于压柱式的轮辋来说，需要更换新的轮辋；如果是辐条式轮辋，径向跳动量的调整可以通过放松或拧紧辐条螺母来调节。

（2）车轮端面跳动量的调整。将车辆前、后轮支承起来，将百分表测头压在车轮辋端面上，而后的操作方法与调整车轮径向跳动量的方法相同。

（3）径向、端面跳动量的综合调整（幅条式轮辋）。车轮径向、端面跳动量的综合调整应用两块百分表检查。

① 一个表测头压在轮辋的内圈上，另一个表测头压在轮辋的外侧面上。

② 先调整两个方向跳动量大的部位。

③ 经过若干次重复后，可将径向跳动量和端面跳动量均调校合格。

④然后均匀地将每根辐条拉紧，达到规定的要求。

三、铃木摩托车后减震器的调整

铃木摩托车后减震器压缩弹簧的张力可根据载重量的不同而加以适当调整。

调整方法如图4-30所示，应该知道的是，减震凸轮所处位置的数目越大，减震器弹力越大。但应注意在调整时，左右两个后减震器的减震凸轮应处在同一数目位置。

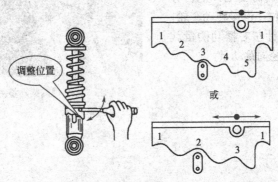

图4-30　后减震器的调整
1～5—减震凸轮所处的位置

第三节　行驶系统与操纵
系统零部件的检修

一、车轮的检修

1　车轮轴的检查

如图4-31所示，将车轮轴放在V形块上，用百分表测量车轮轴的跳动量，如果超过极限值，应进行校正或更换。

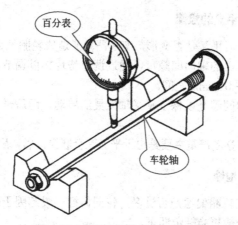

图4-31　测量车轮轴的径向跳动量

2　车轮轴承的检查

　　将车轮放在校正台上，用手拨动车轮作高速旋转，检查车轮轴承的自由行程。如果听到杂音或有较大的晃动，则须更换轴承。

3　轮辋跳动量的检查

　　如图4-32所示，将车轮放在校正台上，然后用手拨动车轮旋转，读取轮辋的径向和轴向跳动量，如果超过极限值，应进行校正。

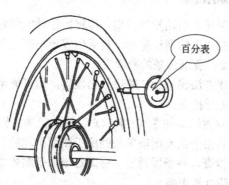

图4-32　测量轮辋的跳动量

4　车轮后平叉的检修

（1）检查后平叉是否变形，变形严重易造成轮胎偏磨。

（2）后平叉的轴向间隙可以通过调整垫片加以调节，轴向间隙应保持在0.10～0.20mm之间。

（3）径向间隙是以保证平叉轴能灵活转动，而后平叉又不摆动为最佳。

（4）平叉摆动严重主要是由于平叉轴套磨损，确认后应进行更换。

5　轮圈的检修

（1）检查轮圈偏摆是否过多，轮圈偏摆一般起因于磨耗或车轮轴承的松弛，一般更换轴承即可。

（2）如更换轴承不能减少偏摆，应调整辐条的张力。

（3）如还不能证明有效果，则应更换轮圈。

小提示

轮圈的使用极限值（轴向和径向）一般为2.0mm。

6　后轮偏斜的检修

（1）如果摩托车后轮发生偏斜，可将后轮轴的固定螺母松开，调整轮距，调整接头上的调整螺母，将后轴置于与摩托车纵向轴线垂直的位置，同时必须保证链条的松紧度。

（2）用上述方法调整后，若后轮仍偏斜，则可能是车架变形或后叉扭曲，需要进行校正。

（3）车轮发生轴向扭曲（8字形）和径向扭曲（椭圆形）的损伤比较多，一般是由于钢圈的辐条松弛或折断而引起的。应该对辐条的张力经常进行检查，并予以调整，保证每根辐条的张力均匀。若发现有折断的辐条应立即更换。

（4）对前、后轮轴承，应在一定行驶里程后进行润滑。

（5）要保证前、后轮在同一直线上，以使摩托车行驶平稳、加速性能好，并减少轮胎和链条的磨损。

二、制动器的检修

摩托车常用制动器有盘式和鼓式两种。

（一）盘式制动器

（1）用游标卡尺检查制动块摩擦片厚度，如果超出规定值范围，应更换制动块。

（2）如图4-33所示，用百分表检查制动盘的端面跳动量，如果超出规定值范围，进一步检查轮辋径向跳动量。若轮辋径向跳动量正常，应更换制动盘。

图4-33　测量制动盘的端面跳动量

（3）如图4-34所示，用千分尺测量制动盘厚度 a，如果超出规定值范围，应更换制动盘。

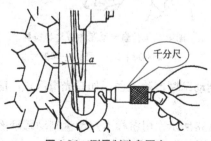

图4-34　测量制动盘厚度

（二）鼓式制动器

（1）如图4-35所示，检查制动蹄、销轴、凸轮轴有无裂纹或损坏，如有，应更换相应零件。

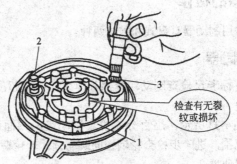

图4-35　检查制动器组件

1—制动蹄；2—销轴；3—凸轮轴

（2）如图4-36所示，检查制动蹄摩擦片和拉簧，如有裂纹或损坏，应成套更换制动蹄和拉簧。

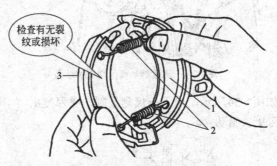

图4-36　检查制动蹄摩擦片和拉簧

1—制动蹄；2—拉簧；3—摩擦片

（3）检查制动蹄摩擦片表面，如有光滑区域，应用粗砂纸打磨，如图4-37所示。

（4）如图4-38所示，用游标卡尺测量制动蹄摩擦片的厚度a。如果超出规定值范围，应成套更换制动蹄摩擦片。

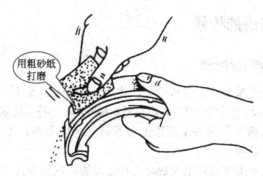

图4-37 修复制动蹄摩擦片

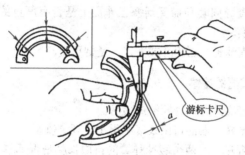

图4-38 测量摩擦片的厚度

（5）如图4-39所示，测量制动鼓（轮毂）的内径。如果超出规定值，应进行更换。制动鼓内表面有油痕或刮痕，用抹布沾油漆稀释剂擦拭或用金刚砂布抛光。

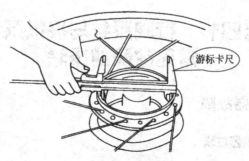

图4-39 测量制动鼓内径

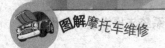

三、减震器的检修

1　前减震器的检修

（1）检查减震弹簧是否断裂，并测量其自由长度（不得小于规定值），左、右两根减震弹簧的长度应基本相等，如不符合要求则需更换。

（2）将前叉管放在V形铁上测量其径向跳动量，不得大于规定值，否则需更换。

（3）检查前叉管和前叉底筒工作面是否有损伤或异常磨损，如有则应更换。

（4）检查导向套和前叉活塞工作面上是否有严重的划痕或磨损，如有则应更换。

（5）检查油封是否损坏或变形，是则更换。

2　后减震器的检修

（1）检查缓冲器是否断裂或疲劳。

（2）测量减震器的自由长度不得小于规定值。

（3）检查左、右两个缓冲弹簧的自由长度是否基本一致，如不符合要求，则应更换缓冲弹簧。

（4）检查阻尼器组件是否有漏油现象或杆部弯曲变形现象，如有，则应更换阻尼器组件。

（5）检查其他零件是否有破损或变形现象，如有也应更换。

第四节　行驶系统与操纵系统
常见故障的排除

一、减震器故障

1　前减震器过软

前减震器过软故障诊断与排除见表4-1。

表4-1　前减震器过软故障诊断与排除

项目	内容
故障现象	将车梯放下，前减震器明显下沉，弹不起来
故障可能原因	① 前减震弹簧折断或变形 ② 前减震器内润滑油过少
故障排除方法	① 更换前减震弹簧 ② 添加前减震器内润滑油

2　前减震器过硬

前减震器过硬故障诊断与排除见表4-2。

表4-2　前减震器过硬故障诊断与排除

项目	内容
故障现象	① 前减震器压不下去 ② 行驶发抖
故障可能原因	前减震器内加油过多
故障排除方法	放出多余的油，并使油量合适

3　前减震器顶部漏油

前减震器顶部漏油故障诊断与排除见表4-3。

表4-3　前减震器顶部漏油故障诊断与排除

项目	内容
故障现象	前减震器顶部漏油
故障可能原因	① 漏装油封 ② 内杆没拉到位
故障排除方法	① 重新装上油封 ② 将内杆拉到位

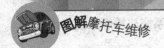

4 前减震器中部油封漏油

前减震器中部油封漏油故障诊断与排除见表4-4。

表4-4　前减震器中部油封漏油故障诊断与排除

项目	内容
故障现象	前减震器中部油封漏油
故障可能原因	① 油封损坏 ② 内杆表面粗糙度不够 ③ 内外管同轴度不够 ④ 安装尺寸变形
故障排除方法	① 更换油封 ② 更换符合要求的内杆 ③ 更换符合要求的内、外管 ④ 安装尺寸符合要求

二、车辆行驶故障

1 行驶中后轮甩动

行驶中后轮甩动故障诊断与排除见表4-5。

表4-5　行驶中后轮甩动故障诊断与排除

项目	内容
故障现象	在平坦道路上行驶时，驾驶员感觉后轮甩动
故障可能原因	① 后平叉轴套过度磨损 ② 后轮辐条松动，轮圈摆动 ③ 后轮胎气压过低 ④ 后减震器弹簧弹力减弱或折断 ⑤ 后减震器内液压油不足或其中一只油量过少 ⑥ 车轮轴承磨损或后轴螺母松动

续表

项目	内容
故障诊断排除 程序	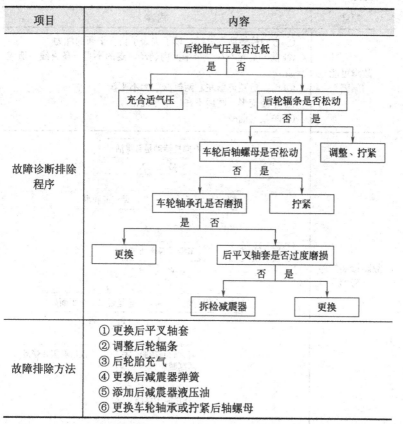
故障排除方法	① 更换后平叉轴套 ② 调整后轮辐条 ③ 后轮胎充气 ④ 更换后减震器弹簧 ⑤ 添加后减震器液压油 ⑥ 更换车轮轴承或拧紧后轴螺母

2 行驶跑偏

行驶跑偏故障诊断与排除见表4-6。

表4-6 行驶跑偏故障诊断与排除

项目	内容
故障现象	在行驶过程中必须用力握住车把，稍一松动，车子就跑向一边

续表

项目	内容
故障可能原因	① 方向柱转动不灵活，车子失去了自行平衡的能力 ② 前、后轮不在一个平面内转动，走的不是一条直线，造成跑偏 ③ 前、后减震器左右两侧减震力不平衡 ④ 车圈变形，圆周不在一个平面内 ⑤ 车架弯曲变形
故障诊断排除程序	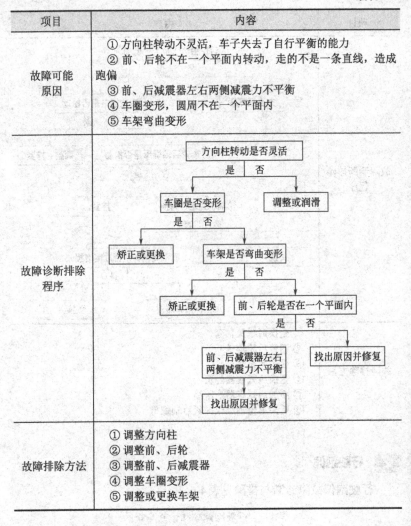
故障排除方法	① 调整方向柱 ② 调整前、后轮 ③ 调整前、后减震器 ④ 调整车圈变形 ⑤ 调整或更换车架

三、转向不灵活故障

转向不灵活故障诊断与排除见表4-7。

表4-7　转向不灵活故障诊断与排除

项目	内容
故障现象	正常转动方向把时，感到费力
故障可能原因	① 方向柱过紧 ② 方向柱挡碗或钢珠损坏 ③ 前轮充气不足 ④ 方向柱弯曲变形
故障诊断排除程序	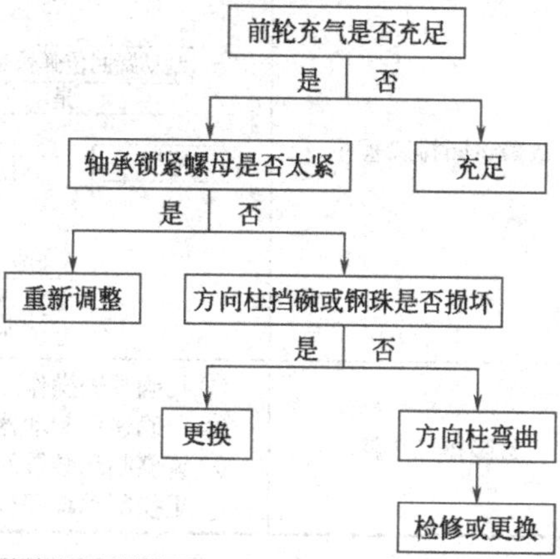
故障排除方法	① 重新调整方向柱 ② 更换损坏的方向柱挡碗或钢珠 ③ 给前轮充气 ④ 更换方向柱

四、制动系统故障

1　制动鼓发烫

制动鼓发烫故障诊断与排除见表4-8。

表4-8　制动鼓发烫故障诊断与排除

项目	内容
故障现象	用手触摸制动鼓，感觉烫手，且制动效能降低

续表

项目	内容
故障可能原因	① 驾驶操作不当 ② 使用制动器过于频繁 ③ 制动装置间隙过小或制动鼓变形与蹄片摩擦 ④ 制动蹄回位弹簧严重变形，被拉长
故障诊断排除程序	驾驶操作是否异常 否　是 制动蹄回位弹簧是否严重变形　按要求操作 是　否 更换　制动装置间隙是否过小 否　是 制动鼓变形　调整 更换
故障排除方法	① 正确驾驶操作 ② 正确使用制动器 ③ 调整制动装置间隙 ④ 更换制动蹄回位弹簧

2 摩托车制动不灵

摩托车制动不灵故障诊断与排除见表4-9。

表4-9　摩托车制动不灵故障诊断与排除

项目	内容
故障现象	摩托车行驶中，当踩下制动踏板或握紧前制动握把时，车轮仍在地面滚动，不能很快停住
故障可能原因	① 前、后制动器的自由行程过大 ② 制动时制动凸轮旋转角度不够大 ③ 制动蹄块未张开 ④ 制动钢索的钢丝绳润滑不良或有断股在外套内卡住 ⑤ 制动凸轮严重磨损，使制动蹄块张开幅度变小 ⑥ 制动蹄摩擦片上有油污，引起摩擦片和制动鼓打滑 ⑦ 制动蹄摩擦片严重磨损，与制动鼓间隙过大 ⑧ 制动蹄摩擦片与制动鼓间接触面过小

续表

项目	内容
故障诊断排除程序	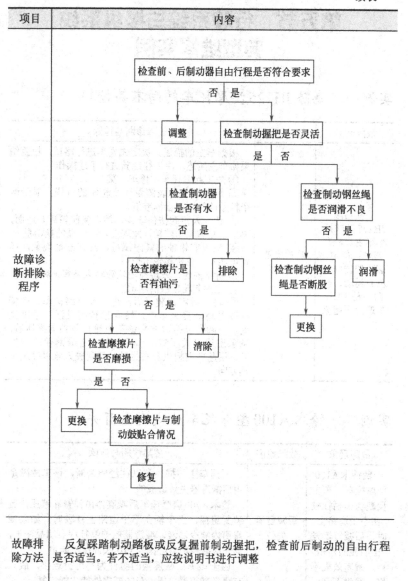
故障排除方法	反复踩踏制动踏板或反复握前制动握把，检查前后制动的自由行程是否适当。若不适当，应按说明书进行调整

第五节　行驶系统与操纵系统典型维修实例

实例一　嘉陵JH125型摩托车转向不易控制

故障现象	故障原因	故障诊断与排除
一辆嘉陵JH125型摩托车车主反映在驾驶过程中，该车的转向把左右晃动，转向不易控制，车速提不起来	前轮毂轴承损坏	根据车主的描述，决定先驾车进行路试，检查结果如车主所述。由以往经验进行下述操作 　　① 先支起摩托车主停车支架 　　② 用轮胎气压表测量两个轮胎的气压，显示两个轮胎的气压符合标准值 　　③ 让一人帮助扶住车体，然后使前轮离开地面，再用手左右晃动前轮，发现前轮有明显的摆动量 　　④ 检查前轮轴的紧固螺母，没有松动现象，怀疑可能是前轮轮毂轴承损坏 　　⑤ 拆下前轮，发现前轮轮毂轴承果损坏。 　　⑥ 更换前轮轮毂的轴承 　　⑦ 将所拆零件装复后，再进行上路试车，车辆行驶时逐渐提高车速，转向把转动灵活，不再晃动，故障得以排除原来该车前轮轮毂轴承损坏后，轴承出现较大间隙，车辆行驶时造成前轮左右晃动，引起转向把也左右晃动，使驾驶人难以控制车辆方向

实例二　铃木A100型摩托车后减震器有异响

故障现象	故障原因	故障诊断与排除
一辆铃木A100型摩托车，车主反映当车辆行驶在不平道路上时，后减震器发出明显的撞击声，减震效果不好，乘坐不舒服	后减震器失效	根据车主的描述和以往经验判断，该车故障是由后减震器失效造成的 　　铃木A100型摩托车后减震器由弹簧和液压减震装置组成，当车辆在不平道路上行驶时，如果减震筒内缺少油液，减震器的伸缩行程会明显变长，伸长时减震筒就会因拉到尽头而碰出响声 　　由于该车后减震器的组件为不可拆连接，故只有更换减震器总成，车的减震性能才能恢复

实例三　富先达FXD125型摩托车行驶不平稳，后轮摆动

故障现象	故障原因	故障诊断与排除
一辆新富先达FXD125型摩托车（压铸轮），行驶不平稳，后轮摆动	在内、外胎之间加垫橡胶，造成轮胎不平衡	引起后轮摆动的常见原因主要有 ① 轮胎充气不足 ② 缓冲套磨损 ③ 轴承磨损 ④ 后轮轴紧固螺母松动 ⑤ 轮圈扭曲等 根据该车的故障现象和常见的原因，按下述方法进行检查 ① 将车架起，用手转动后轮，转动灵活，无松旷 ② 从车轮后边看，后轮转动时轮胎有扭曲现象 ③ 检查轮圈轴向及径向跳动量均正常，问题就在轮胎上 ④ 询问车主得知，原来该车近日后轮经常被扎破，于是修补时在里、外胎之间垫了一圈橡胶 ⑤ 分析此车的故障原因，就是因为加垫了橡胶，造成旋转的轮胎不平衡而出现曲线变化，使车辆行驶不平稳 ⑥ 更换一套内、外胎后，车辆行驶正常，故障被排除

实例四　金城铃木AX100摩托车制动器拖滞，车辆行驶阻力大

故障现象	故障原因	故障诊断与排除
一辆金城铃木AX100型摩托车，当放开制动踏板时，制动蹄不能迅速彻底地与制动鼓分离而解除制动，车辆行驶阻力增大，油耗增高，制动鼓灼手	制动凸轮磨损严重且锈蚀	分析造成该车这种现象的常见原因有以下几方面 ① 制动机构各零件生锈，导致制动不灵，回位困难 ② 制动摩擦片破损或变形，导致在制动蹄回位时仍部分地与制动鼓接触 ③ 制动踏板的自由行程调整不当，使制动蹄与制动鼓不能完全分开 ④ 制动凸轮磨损严重，卡住制动蹄，使之不能回位 ⑤ 制动蹄回位弹簧过软或折断，使制动蹄不能及时复位

续表

故障现象	故障原因	故障诊断与排除
一辆金城铃木AX100型摩托车,当放开制动踏板时,制动蹄不能迅速彻底地与制动鼓分离而解除制动,车辆行驶阻力增大,油耗增高,制动鼓灼手	制动凸轮磨损严重且锈蚀	根据该车的故障现象,检修方法如下 ① 将摩托车轮支起 ② 踩下制动踏板,产生制动后放松 ③ 用手轻轻转动车轮,车轮难以转动并有阻碍感,证明制动蹄不能及时回位 ④ 拆开制动器进一步检查,制动蹄块良好,摩擦表面光洁,制动弹簧良好 ⑤ 再检查制动凸轮,发现制动凸轮磨损严重且严重锈蚀 ⑥ 拆下制动凸轮,更换新件并清除制动鼓上锈迹 ⑦ 重新装复拆下的零件,又将踏板转轴及拉杆转轴等处进行润滑保养 ⑧ 试车,车辆制动灵敏,制动踏板回位迅速,故障排除

实例五　金城铃木AX100型摩托车解除制动后车辆行驶速度变慢,油耗增加

故障现象	故障原因	故障诊断与排除
一辆金城铃木AX100型摩托车,车主反映在驾驶摩托车时,当放开制动踏板后,车辆行驶速度变慢,油耗增加	制动凸轮严重磨损且有锈蚀,造成制动蹄不能回位	根据维修经验分析,车辆行驶阻力增大,油耗增加,制动鼓有烫手的感觉,很有可能是制动器的制动蹄不能迅速地与制动鼓分离解除制动所导致的。造成这种现象的原因有以下几个方面 ① 制动摩擦片破损或变形,当制动蹄回位时,仍部分地与制动鼓接触 ② 制动凸轮磨损严重,卡住制动蹄,致使制动蹄不能回位 ③ 制动蹄回位弹簧过软或折断,使制动蹄与制动鼓分离不彻底 ④ 制动机构各零件生锈,导致制动不灵,制动蹄回位困难 ⑤ 制动踏板的自由行程过小,使制动蹄与制动鼓不能完全分离 根据上述故障原因,进行以下检修 ① 检修时,将摩托车车轮支起,踩下制动踏板,产生制动后放松

续表

故障现象	故障原因	故障诊断与排除
一辆金城铃木AX100型摩托车，车主反映在驾驶摩托车时，当放开制动踏板后，车辆行驶速度变慢，油耗增加	制动凸轮严重磨损且有锈蚀，造成制动蹄不能回位	② 用手轻轻转动车轮，车轮难以转动并有阻碍感，证明制动蹄不能及时回位 ③ 拆开制动器进一步检查，制动蹄块良好，摩擦表面光洁，制动弹簧良好 ④ 再检查制动凸轮，发现制动凸轮严重磨损且有锈蚀 ⑤ 拆下制动凸轮，更换新件并清除制动鼓上锈迹 ⑥ 装复后，又将踏板转动轴及拉杆转动轴等处上油保养 ⑦ 最后上路试车，该车的制动灵活，回位迅速，故障得以排除

第五章 电气设备的维修

第一节 电气设备的拆装

一、火花塞的拆装

小提示

在更换和检修火花塞时，往往要拆卸和安装火花塞，而实践证明，在拆装火花塞时，稍有不慎，将会造成火花塞口漏气、火花塞螺纹滑丝等现象。而一旦出现这些现象，将会造成发动机工作不正常和影响火花塞使用寿命等后果。因此，在拆、装火花塞时必须掌握正确的方法。

1 火花塞的拆装

（1）拆卸前，应先将火花塞座孔清洁干净。然后从发动机的火花塞上拔下火花塞帽，如图5-1所示。

（2）如图5-2所示，用火花塞扳手拆下火花塞。

图5-1 拔下火花塞帽

图5-2 拆下火花塞

（3）安装火花塞时，应按规定力矩拧紧。

2 拆装火花塞的注意事项

（1）在拆卸火花塞时，应注意以下事项。

① 不论是拆下还是装上火花塞，都要使用火花塞套筒扳手（图5-3）等专用工具。在一般情况下不得使用代用工具，以免把火花塞体螺纹弄坏。

图5-3 使用火花塞套筒扳手拆装火花塞

② 在拆卸时，若将套筒扳手套在火花塞体上旋拧不动，可适当用力敲敲套筒以促使火花塞松动。若经轻敲后仍因锈蚀而旋拧不动，应找些煤油滴在火花塞旋入口处，让煤油渗进螺纹部位内缓解锈蚀。大约经5～10min后即可旋动。切忌猛拧强旋，以免损伤火花塞螺纹。

（2）在安装火花塞时，应注意以下事项。

火花塞密封垫圈

图5-4　火花塞密封垫圈

① 如图5-4所示，在安装火花塞时，要加装密封垫圈，以保证火花塞与发动机缸体的密封度，避免发动机因漏气而降低功率和工作效能，并减少火花塞过热的可能性。在加密封垫时要注意垫圈不可过厚，若过厚则会减短火花塞螺纹深入汽缸的长度，从而导致可燃混合气点燃性变差，使废气过多地汇集在火花塞电极附近，减慢火焰的传播速度，降低发动机的工作效率。

② 要在火花塞螺纹部位涂上一层耐高温的润滑油，目的是防止火花塞螺纹部位生锈，方便于下次拆卸。

③ 要将火花塞装正旋紧，但不能拧得过紧，一般达到力矩为25～30 N·m即可。

二、磁电机的拆装

磁电机的拆装应在干净的场地进行。

1 磁电机的拆卸

小提示

◆拆和装磁电机时都严禁敲打飞轮转子，以免损坏磁钢及磁铁退磁。
◆在拆和装时都应防止碰伤定子支架上的各绕组线圈。

（1）按照前面所述方法，将发动机从摩托车架上拆卸下来。然后将发动机放置在拆装台上。如图5-5所示，用套筒扳手拆下磁电机的导风罩。

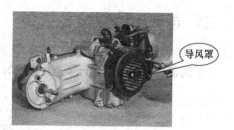

图5-5　拆下导风罩

（2）如图5-6所示，拆下发动机的风扇罩。

（3）如图5-7所示，拆下磁电机螺母。

图5-6　拆下发动机的风扇罩

图5-7　拆下磁电机螺母

（4）如图5-8所示，用磁电机拔卸器拔下磁电机飞轮。

（5）如图5-9所示，拆下磁电机上的定子线圈。

图5-8　拔下磁电机飞轮

图5-9　拆下定子线圈

2　磁电机的安装

磁电机的安装可按拆卸的相反顺序进行。

三、电子点火器CDI的拆装

（1）把车钥匙插入摩托车侧盖板的锁孔，并逆时针旋转车钥匙，卸下侧盖板，即可看到电子点火器CDI，如图5-10所示。

图5-10　电子点火器CDI位置

（2）从橡胶套中拔出电子点火器CDI，拆下电子点火器CDI与主电缆连接的组合插头，即可拆下电子点火器CDI，如图5-11所示。

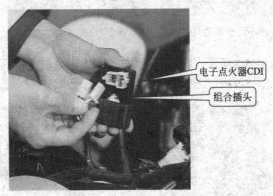

图5-11　拆下电子点火器CDI

（3）电子点火器CDI的装配过程，与上述拆卸步骤的过程相反。

四、点火线圈的拆装

（1）按照上述方法拆下侧盖板。

（2）从车架上拆下固定点火线圈的螺栓，拆下连接点火线圈的导线，拆下点火线圈，如图5-12所示。

点火线圈

图5-12　拆下点火线圈

（3）点火线圈的安装可按拆卸的相反顺序进行。

五、起动机的拆装

1 **从车上拆装起动机（图5-13）**

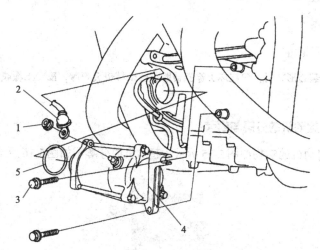

图5-13　起动机的拆装

1—凸缘螺母；2—接线孔眼；3—起动机座螺栓；4—起动机；5—O形环

（1）关闭点火开关，拆下蓄电池负极接线，如图5-14所示。

蓄电池负极接线

图5-14　拆下蓄电池负极接线

（2）拧下凸缘螺母。

（3）拆下起动机线孔眼。

（4）拧下起动机座螺栓。

（5）卸下起动机。

（6）拆下O形环。

安装按上述拆卸的相反顺序进行。

小提示

装O形环时，应在环上涂润滑脂，凸缘螺母装复后，应安上橡胶帽。

2　起动机的分解与组装

起动机的实物如图5-15所示，起动机的分解图如图5-16所示。

图5-15　起动机实物图

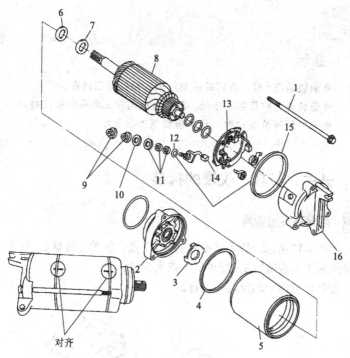

图5-16　起动机的分解图

1—螺栓；2—前盖；3—锁定垫圈；4,12,15—O形环；5—电动机箱；
6—绝缘垫圈；7,10,11—垫圈；8—电枢；9—螺母；
13—电刷座总成；14—电刷及端头；16—后盖

（1）拆下螺栓1。

（2）卸下前盖2。

（3）卸下锁定垫圈3和O形环4。

（4）拆卸电动机箱5，卸下绝缘垫圈6和垫圈7。

（5）卸下电枢8，拧下电刷端座螺母9。

（6）卸下垫圈、绝缘垫圈及O形环。

（7）拆卸电刷座总成13，拆卸电刷和端头14。

（8）卸下O形环15，卸下后盖。

小提示

◆组装前盖2时，应将前盖与箱上的指针标记对齐。

◆组装电动机箱与后盖时，应将后盖与箱上的指针标记对齐。

◆装电刷座总成13时，应将座键装入后盖槽。

六、开关、灯具、仪表的拆装

1 **点火开关的拆装**

如图5-17所示，拆下握把套1，拆下点火开关连接器2，拧开点火开关的两个固定螺钉3，即可拆下点火开关。

安装按拆卸的相反顺序进行。

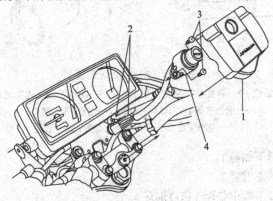

图5-17　点火开关的拆卸

1—握把套；2—点火开关连接器；3—螺钉；4—点火开关

2 **前照灯及外壳拆装**

（1）如图5-18所示，拆下前照灯的两个固定螺栓和垫圈，即可拆下前照灯。

（2）拆下灯壳的两个固定螺栓及螺母（图5-19），即可拆下外壳。

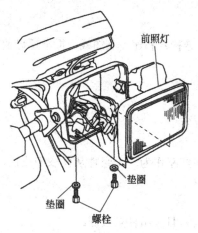

前照灯

垫圈

垫圈

螺栓

图5-18　拆卸前照灯

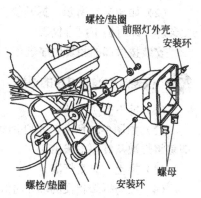

螺栓/垫圈

前照灯外壳

安装环

螺栓/垫圈

安装环

螺母

图5-19　拆卸前照灯外壳

安装按拆卸的相反顺序进行。

小提示

　　安装时，注意将头灯支架上的冲印标记和头灯外壳上的指示标记对正后安装（图5-20）。

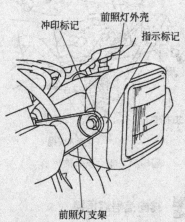

冲印标记

前照灯外壳

指示标记

前照灯支架

图5-20　前照灯外壳对正标记

3 组合仪表的拆装

（1）拆下前照灯。

（2）如图5-21所示，拆开仪表连接器和速度表缆线，拆下螺母及安装环，即可拆下组合仪表。

安装按拆卸的相反顺序进行。

4 仪表灯灯泡及灯座的更换

（1）拆下前照灯外壳。

（2）如图5-22所示，将灯泡和灯座作为一个组件从仪表中拔出，即可将灯泡从灯座中拔出。

（3）换上一只新灯泡。

（4）按与拆卸相反的顺序将灯泡/灯座组件安装好。

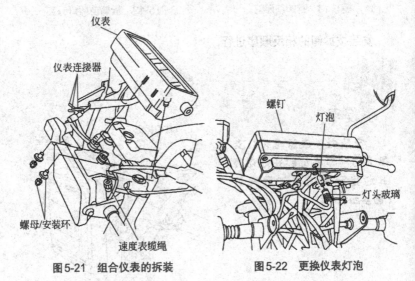

图5-21 组合仪表的拆装   图5-22 更换仪表灯泡

5 转向信号灯更换

（1）如图5-23所示，拆下螺钉和灯头玻璃。

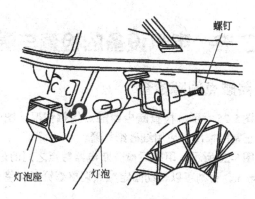

图5-23 更换转向信号灯灯泡

（2）向里按压灯泡并按逆时针方向转动灯泡，即可将灯泡从座中取出。

（3）换上一只新灯泡。

（4）按与拆卸相反的顺序安装好灯头玻璃。

6 更换尾灯/制动灯

（1）如图5-24所示，拆下两个固定螺钉及灯头玻璃。

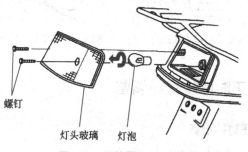

图5-24 更换尾灯/制动灯

（2）按逆时针方向转动灯泡同时向前推即可取出灯泡。

（3）换上一只新灯泡。

按与拆卸相反的顺序安装。

第二节 电气设备的检查与调整

一、断电器触点间隙检查

（1）如图5-25所示，检查断电器触点接触情况，图中标有"×"符号的为不正常的情况，应用细砂纸打磨。

（2）如图5-26所示，用塞尺检查断电器触点之间的最大间隙，应为0.3～0.4mm。否则可以转动固定触点调整螺钉来调整。

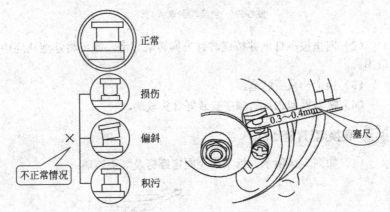

图5-25 断电器触点的检查　　　图5-26 检查断电器触点间隙

二、点火正时的检查与调整

1 点火正时的检查

（1）拆卸磁电机侧盖。

（2）将点火正时灯软线夹在高压软线上。

（3）启动发动机，使点火正时灯的光线对准曲轴箱的标记1，将发动机速度增高至4000r/min。这时点火正时灯闪烁，如标记1对准转子上标记2，则点火正时正确，如图5-27所示。

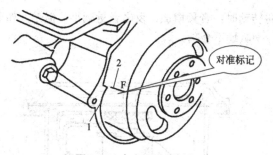

图5-27 点火正时的测定

1—曲轴箱标记；2—转子标记

2 点火正时的调整

如点火正时不正确，按照下列程序进行调整。

（1）使用专用工具拆卸转子。

（2）松下定子装配螺钉，使定子上的标记1正好对准曲轴箱上的标记2，如图5-28所示。在此状态拧紧螺钉，装配转子即可。

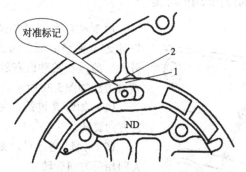

图5-28 磁电机定子的安装标记

1—定子上的标记；2—箱体上的标记

三、喇叭音量的检查与调整

（1）如果喇叭的音量过大或过小，可进行调整。

（2）喇叭的音量可通过转动调节螺钉进行调整，如图5-29所示。

顺时针方向转动时，音量增加，反之音量减小，但是，如调节螺钉过松或过紧，喇叭均不会响。

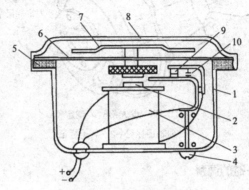

图5-29　喇叭音量的调节

1—壳体；2—铁芯；3—线圈；4—调节螺钉；5—纸垫；6—膜片；
7—振动盘；8—上盖；9—触点；10—电容器

四、后制动开关的调整

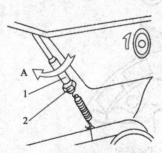

图5-30　后制动开关的调整

1—后制动灯开关；2—调节螺母

后制动灯点亮过早或过迟，都可以通过调整来保证正常工作。后制动开关一般设在发动机右后侧的车架上。调整方法如图5-30所示。

（1）如灯亮过迟，将调节螺母按A方向旋转。

（2）如灯亮过早，则将螺母向与A向相反方向旋转。

（3）应对后制动灯开关作好清洁工作，不要让油污、泥土等黏附在后制动灯开关上，回位弹簧性能应良好。

五、前照灯光束的调整

（1）调整前照灯垂直光束时，利用拧进或拧回调整螺钉1来进行，如图5-31所示。拧进时，前照灯光束向下移动。拧回时，前照灯光束向上移动。

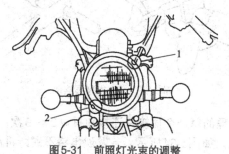

图5-31　前照灯光束的调整

1—垂直光束调整螺钉；2—水平光束调整螺钉

（2）调整前照灯水平光束时，利用拧动调整螺钉2进行，见图5-31。拧进时，前照灯光束向左移动。拧回时，前照灯光束向右移动。

第三节　电气设备零部件检修

一、插接件的检修

（1）在检查插接件时，首先清除插接件上的污泥、锈蚀和水汽等，再拆开插接件，用电吹风将每一个接线柱吹干，如图5-32所示。

图5-32　拆开并吹干插接件

（2）若导线被拉出，则应重新把导线的插接片连接牢固；若接线片被拉出，则应修理插接铜片上的倒钩，如图5-33所示，然后将接线片插入插接件。

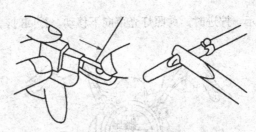

图5-33 检查修理插接件

（3）将修理的每一个插接件连接和拆离2～3次，然后用万用表检查是否导通，如图5-34所示。若发现电路不通，再清理各接线片，直到修复。

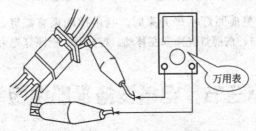

万用表

图5-34 用万用表检查插接件

二、蓄电池的检查

（1）检查电解液液面高度，应在蓄电池外壳的上、下标线之间，如图5-35所示。若低于下标线，应补充蒸馏水。

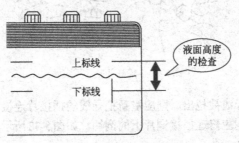

上标线

下标线

液面高度的检查

图5-35 蓄电池电解液液位

（2）检查电解液密度，应为1.26～1.28g/cm^3。

（3）若密度过低，应进行充电。充电时，按图5-36所示连接蓄电池与充电器。

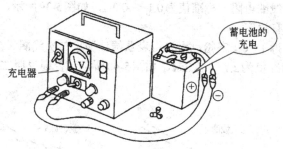

图5-36　充电电路的连接

三、火花塞的检查

（1）火花塞检查内容如图5-37所示。

（2）若有积炭，应用火花塞清洁器或钢丝清洁，如图5-38所示。

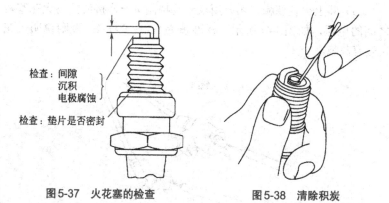

图5-37　火花塞的检查　　　　　　图5-38　清除积炭

（3）安装时，先用手拧紧，然后再用扳手拧1/2～3/4圈。

（4）火花塞的间隙规定值一般为0.6～0.7mm。

四、点火线圈的检查

（1）拆开点火线圈一次线圈（初级线圈）接线，用万用表欧姆挡测量一次线圈电阻，标准值为$0.1 \sim 0.3\Omega$，如图5-39所示，否则说明一次线圈有故障。

（2）拆下火花塞帽，用万用表欧姆挡测量二次线圈（次级线圈）电阻，标准值为$2.7 \sim 3.5k\Omega$，如图5-40所示，否则说明二次线圈有故障。

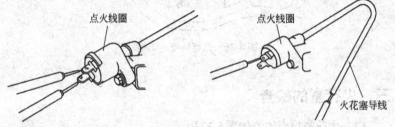

图5-39　检查点火线圈一次线圈电阻　　　图5-40　检查点火线圈二次电阻

（3）装上火花塞帽，用万用表欧姆挡测量一次接线柱与火花塞帽之间的电阻，如图5-41所示，标准值为$6.5 \sim 9.8k\Omega$，否则说明火花塞帽有故障。

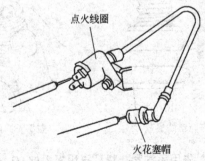

图5-41　火花塞帽的检查

第四节 摩托车电路图的识读

一、摩托车电路图的组成与特点

在维修摩托车电器的过程中，离不开摩托车电路图。摩托车电路图，就是将充电系统（电源系统）、启动系统、点火系统、照明信号系统、仪表与电子显示装置、电子控制装置以及辅助电器装置等全车电器设备，用标准电器符号，按照它们各自的工作特性及相互的内在联系，通过开关、熔断器、继电器（或电子控制单元）及导线连接起来而形成的图形。

摩托车电路图是摩托车维修过程中一个非常重要的工具。电路图是以电器符号来表示的。不同的车型其电路图是不同的，而且电路图还没有采用统一标准。这样在维修过程中，要求先掌握该车型的维修资料，其次要能正确读懂电路图。

二、识别摩托车电路图的要领

1 牢记电气图形符号

摩托车电路图是利用电气图形符号来表示其构成和工作原理的。因此，必须牢记电路图形符号的含义，才能看懂电路原理图。

2 熟记电路标记符号

为了便于绘制和识读摩托车电器电路图，有些电器装置或其接线柱等上面都赋予不同的标志代号。

3 掌握各种开关在电路中的作用

对多层多挡接线柱的开关，要按层、按挡位、按接线柱逐级分析其各层各挡的功能。有的用电设备受两个以上单挡开关（或继电器）的控制，有的受两个以上多挡开关的控制，其工作状态比较复杂。当开关接线柱较多时，首先抓住从电源来的一两个接线柱，再逐个分析与其他各接线柱相连的用电设备处于何种挡位，从而找出控制关系。

对于组合开关，实际线路是在一起的，而在电路图中又按其功能画在各自的局部电路中，遇到这种情况必须仔细研究识读。

4 浏览全图，分割各个单元系统

（1）熟记各局部电路之间的内在联系和相互关系。要读懂摩托车电路图，首先必须掌握组成电路的各个电器元件的基本功能和电器特性。在大概掌握全图的基本原理的基础上，再把一个个单元系统电路分割开来，这样就容易抓住每一部分的主要功能及特性。

（2）在分割各个系统时，一定要遵守回路原则，注意既不能漏掉各个系统中的组件，也不能多分割其他系统的组件，一般规律是各电器系统只有电源和总开关是公共的，其他任何一个系统都应是一个完整的独立的电器回路，即包括电源、开关（保险）、电器（或电子线路）、导线等；从电源的正极经导线、开关、熔断器至电器后搭铁，最后回到电源负极。

（3）从整车电路来讲，各局部电路除电源电路公用外，其他单元电路都是相对独立的，但它们之间也存在着内在联系（如信号共享）。因此，识图时，不但要熟悉各局部电路的组成、特点、工作过程和电流流经的路径，还要了解各局部电路之间的联系和相互影响。这是迅速找出故障部位、排除故障的必要条件。

5 牢记回路原则

任何一个完整的电路都是由电源、熔断器、开关、控制装置、用电设备、导线等组成的。电流流向必须从电源正极出发，经过熔断器、开关、控制装置、导线等到达用电设备，再经过导线（或搭铁）回到电源负极，才能构成回路。因此读电路图时，有三种思路。

（1）沿着电路电流的流向，由电源正极出发，顺藤摸瓜查到用电设备、开关、控制装置等，回到电源负极。

（2）逆着电路电流的方向，由电源负极（搭铁）开始，经过用电设备、开关、控制装置等回到电源正极。

（3）从用电设备开始，依次查找其控制开关、连线、控制单元，到达电源正极和搭铁（或电源负极）。

实际应用时，可视具体电路选择不同思路，但有一点值得注意，即随着电子控制技术在摩托车上的广泛应用，大多数电气设备电路同时具有主回路和控制回路，读图时要兼顾两回路。

三、电路图的常用电气符号

1 电器符号及含义

虽然不同车型的电路图不相同，但摩托车电路图所采用的符号大体相同。摩托车电路图中使用的各种常用电气符号见表5-1。

表5-1　摩托车电路图中使用的各种电器符号及含义

符号	说明	符号	说明
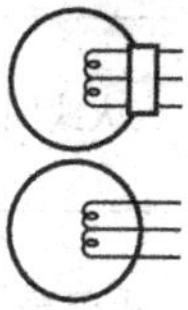	前照灯组合或尾灯/制动灯组合	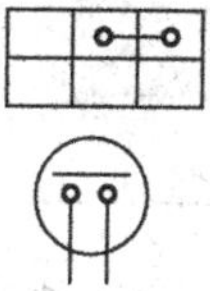	电源按钮开关
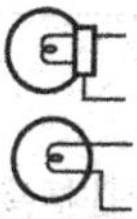	转向灯组合	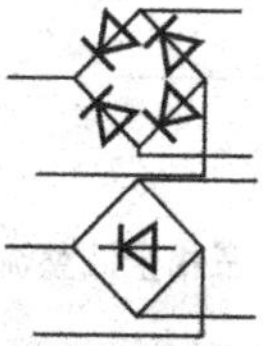	单相全波整流器
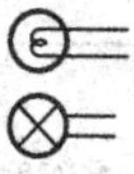	信号灯组合	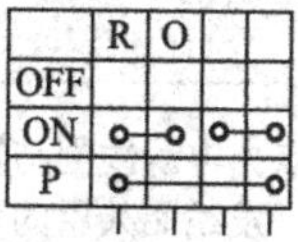	开磁锁开关表或开关锁
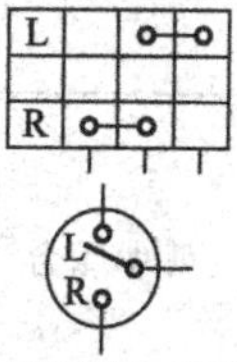	转向信号灯开关	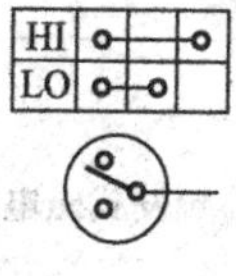	前灯变光开关

续表

符号	说明	符号	说明
	喇叭按钮开关		外触发式三相交流磁电机
	挡位开关		点火器CDI
			点火线圈
	三极管		点火线圈
	蓄电池		电阻器
	三相全波整流		圆柱插接器
	点火电源线圈与触发线圈共用的磁电机		熔断器
	外触发式磁电机		喇叭组合

续表

符号	说明	符号	说明
	调压整流器REG或REC		启动继电器
	调压器REG		起动机
	整流器		复合插接器
	闪光器		燃油传感器
	充电线圈和照明线圈分开的磁电机		

2 文字符号

摩托车电气线路中，文字符号表示各种开关、仪表灯具、挡位及用电设备等，木兰50系列摩托车采用国际通用的文字符号，见表5-2。

表5-2 电气线路图的文字符号

文字符号	英文名称	中文名称	文字符号	英文名称	中文名称
ON	on	开	TU	turn	转向指示
OFF	off	关	IG	ignition	点火
E	earth	接地	HL	headlight	前照灯
PO或P	position	位置	HI	hight	远（光）
N	neutral	空位	LO	Low	近（光）
SL	signal light	信号灯	TL	tail light	尾灯
TA	tachometer	转速表	NIGHT	night	夜间
SP	speedometer	车速里程表	L	left	左（转）

文字符号	英文名称	中文名称	文字符号	英文名称	中文名称
R	right	右（转）	LOCK	lock	锁
W	wink	闪光器	FREE	free	释放
HO	horn	电喇叭	PUSH	push	按下
BAT	battery	蓄电池	REG	regulator	调节
DAY	day	日间	HI	high	远光指示
RUN	run	运转	NU	neutral	空挡指示
C	check	检查			

3 导线颜色代号

轻骑木兰50系列摩托车线路图中的导线颜色按国家制图标准，采用英文字母标注，见表5-3。

表5-3 导线颜色代号

R	红	Ch	赭	P、Lr	粉红
G	绿	Dr	深红	Lg	浅绿
Y	黄	Dg	深绿	G/Y	绿/黄
W	白	Y/R	黄红	Bl/W	蓝/白
B(Bl)	蓝	W/R	白红	LB(Lb)	浅蓝
Br	棕	SB(Sb)	天蓝	Br/W	棕/白
Gr	灰	Dbr	深棕	B/W	黑/白
B	黑	B/R	黑/红		
O	橙	O/L	橙蓝		

四、典型电路分析

下面以轻骑木兰摩托车为例，介绍典型电路的特点。

1 充电系统电路

轻骑木兰摩托车充电系统电路如图5-42所示。磁电机的充电照明线圈产生交流电，经整流器整流后，向蓄电池充电，蓄电池并联在信号系统供电的回路中。充电线路为充电绕组→整流器→熔断器→蓄电池正极→蓄电池负极→搭铁→充电绕组。

（1）发动机在怠速运转时，不足以充电，即充电照明线圈的供电电压低于蓄电池的端电压，则蓄电池向信号系统供电。由于二极管的单向导电作用，防止了蓄电池通过磁电机的充电照明线圈放电。

（2）充电系统电路的特点是发动机在转速升高时，磁电机的充电照明线圈产生的高压随之增高，当充电电压高于蓄电池的端电压时，向信号系统供电的同时，还向蓄电池充电。

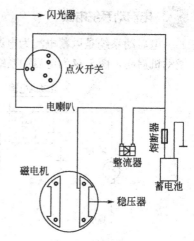

图5-42 充电系统电路

2 照明系统电路

轻骑木兰照明系统电路如图5-43所示。该系统在点火开关上设置了一个夜间开关位置，当点火开关处于此位置时，照明系统便接通了电源。

照明系统电路的特点如下。

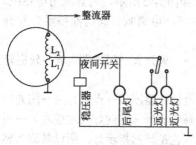

图5-43 照明系统电路

（1）夜间开关接通时，充电照明线圈L_1产生的交流电使并联在线路中的后尾灯点亮，远光灯和近光灯则在变光开关的控制下工作。

（2）并联在线路中的稳压器，控制磁电机在不同转速下的输出电流，确保照明设备工作的可靠性。

3 **电启动系统电路**

电启动系统是以蓄电池为电源，用直流电动机带动曲轴转动，使发动机启动，图5-44为电启动系统电路。

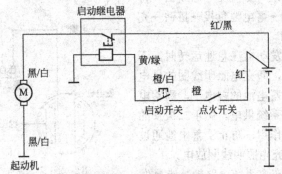

图5-44 电启动系统电路

接通点火开关后，按下启动开关，电流自蓄电池正极经点火开关和启动开关到启动继电器线圈形成回路。线圈通过电流产生磁场吸引继电器动触点使其闭合，强大的电流通向启动电机使其运转，启动机带动发动机的曲轴运转，使发动机启动。当放开启动开关时，启动继电器的线圈断电，继电器磁场消失，释放动触点，主回路断电，启动电机停止运转。

4 **信号系统电路**

轻骑木兰摩托车信号系统电路如图5-45所示，为直流用电系统，主要由转向灯、转向指示灯、制动灯、电喇叭、润滑油指示灯和开关、按钮所组成。

转向灯线路是蓄电池或整流器→点火开关→闪光继电器→转向灯开关→转向灯（左或右）→搭铁。

转向指示灯或蜂鸣器线路是蓄电池或整流器→点火开关→闪光继电器→转向灯开关→转向指示灯（蜂鸣器）→转向灯（左或右）→搭铁。轻骑木兰型摩托车润滑油指示灯也是转向指示灯，所以常称为转向润滑油指示灯。

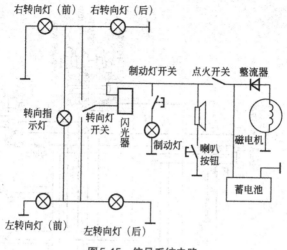

图5-45 信号系统电路

制动灯线路是直流电源→点火开关→制动灯开关→制动灯→搭铁。

电喇叭线路是直流电源→点火开关→电喇叭→喇叭按钮→搭铁。

潇洒木兰等较高档的摩托车还设有燃油表，其电路如图5-46所示。

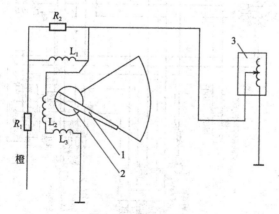

图5-46 燃油表电路

1—指针；2—盘形永久磁铁；3—燃油传感器（燃油开关）

5 整车电路图

整车电路图

木兰50系列摩托车整车电路见图5-47。

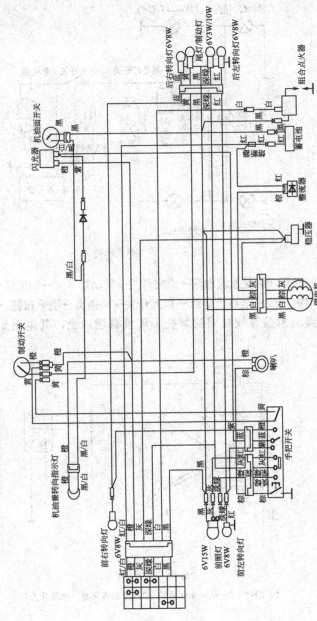

图5-47 木兰50系列摩托车整车电路图

第五节　电气设备故障诊断与排除

一、蓄电池供电电路不畅通

蓄电池供电电路不畅通故障诊断与排除见表5-4。

表5-4　蓄电池供电电路不畅通故障诊断与排除

项目	内容
故障现象	发动机不能启动，启动后则正常
故障可能原因	① 蓄电池电量不足 ② 熔丝熔断 ③ 点火开关损坏 ④ 接线柱松动 ⑤ 导线脱落或断路
故障诊断排除程序	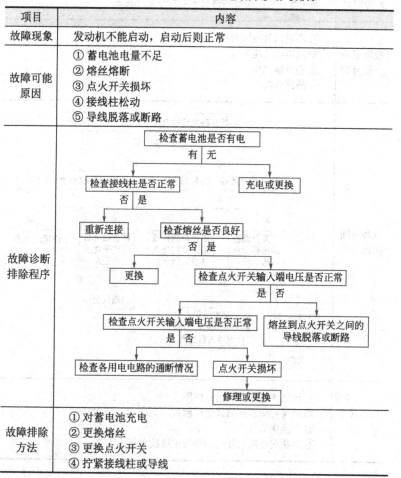
故障排除方法	① 对蓄电池充电 ② 更换熔丝 ③ 更换点火开关 ④ 拧紧接线柱或导线

二、磁电机不充电

磁电机不充电故障诊断与排除见表5-5。

表5-5 磁电机不充电故障诊断与排除

项目	内容
故障现象	蓄电池在性能完好的情况下不能充电，易缺电
故障可能原因	①照明信号线圈断路 ②磁电机飞轮失磁 ③整流器损坏 ④线路有断路
故障诊断排除程序	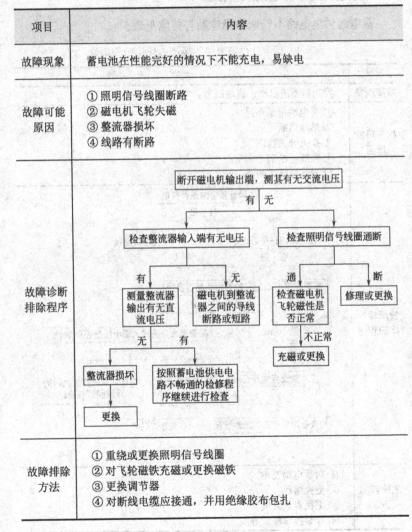
故障排除方法	①重绕或更换照明信号线圈 ②对飞轮磁铁充磁或更换磁铁 ③更换调节器 ④对断线电缆应接通，并用绝缘胶布包扎

断开磁电机输出端，测其有无交流电压

有　无

检查整流器输入端有无电压　检查照明信号线圈通断

有　无　通　断

测量整流器输出有无直流电压　磁电机到整流器之间的导线断路或短路　检查磁电机飞轮磁性是否正常　修理或更换

无　有　不正常

整流器损坏　按照蓄电池供电电路不畅通的检修程序继续进行检查　充磁或更换

更换

三、交流发电机不充电

交流发电机不充电故障诊断与排除见表5-6。

表5-6　交流发电机不充电故障诊断与排除

项目	内容
故障现象	蓄电池在性能完好的情况下不能充电，易缺电
故障可能原因	① 导线线路断路或者导线连接处松动 ② 发电机线圈短路 ③ 整流调节组件短路或击穿
故障诊断排除程序	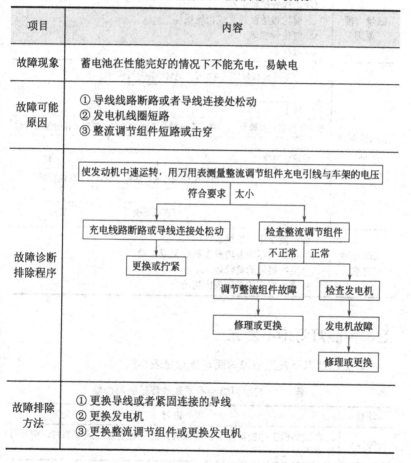
故障排除方法	① 更换导线或者紧固连接的导线 ② 更换发电机 ③ 更换整流调节组件或更换发电机

四、里程表不正确指示

里程表不正确指示故障诊断与排除见表5-7。

表5-7　里程表不正确指示故障诊断与排除

项目	内容
故障现象	里程表和速度指针均不动
故障可能原因	① 里程表软轴折断 ② 前轮毂盖板拨叉或齿轮损坏 ③ 前轮毂损坏 ④ 里程表内齿轮损坏
故障诊断排除程序	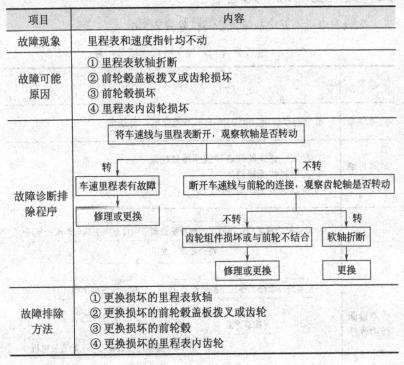
故障排除方法	① 更换损坏的里程表软轴 ② 更换损坏的前轮毂盖板拨叉或齿轮 ③ 更换损坏的前轮毂 ④ 更换损坏的里程表内齿轮

五、前照灯灯泡不发光

前照灯灯泡不发光故障诊断与排除见表5-8。

表5-8　前照灯灯泡不发光故障诊断与排除

项目	内容
故障现象	在发动机工作的情况下，当点火开关接通前照灯照明挡时，前照灯灯泡不发光
故障可能原因	① 照明线圈短路或者断路 ② 灯泡灯丝烧坏 ③ 开关接触不良 ④ 相关线路断路

续表

项目	内容
故障诊断排除程序	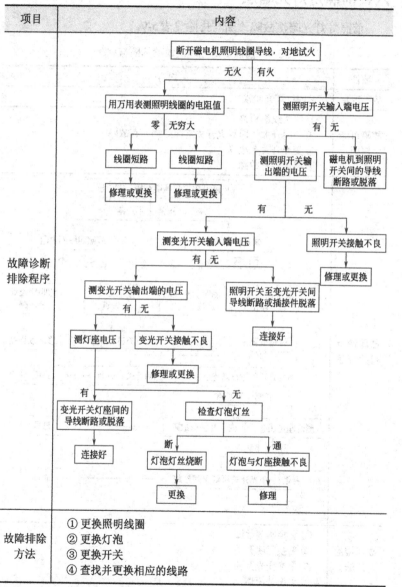
故障排除方法	① 更换照明线圈 ② 更换灯泡 ③ 更换开关 ④ 查找并更换相应的线路

六、前照灯灯光暗淡

前照灯灯光暗淡故障诊断与排除见表5-9。

表5-9 前照灯灯光暗淡故障诊断与排除

项目	内容
故障现象	前照灯灯光暗淡
故障可能原因	① 照明线圈短路 ② 照明开关（即点火开关前照灯挡）有故障 ③ 变光开关有故障 ④ 整流器有故障
故障诊断排除程序	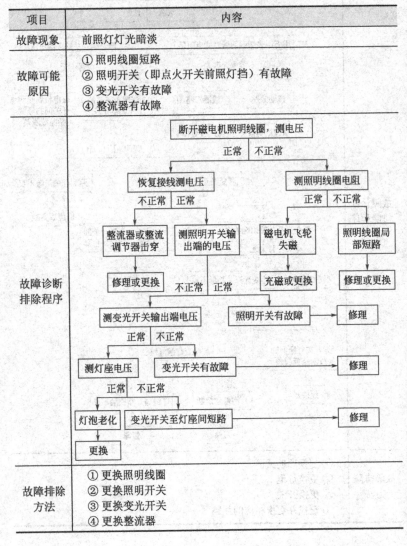
故障排除方法	① 更换照明线圈 ② 更换照明开关 ③ 更换变光开关 ④ 更换整流器

第六节　电气设备典型维修实例

实例一　本田C50型摩托车起动机转动很慢，不能启动发动机

故障现象	故障原因	故障诊断与排除
一辆本田C50型摩托车起动机转动起来很慢，不能启动发动机	起动机电刷支架松动，接触不良	① 打开点火开关，按下启动按钮，起动机工作无力、转速很低，不能启动发动机 ② 用万用表检测蓄电池电压，显示蓄电池电压正常 ③ 卸下起动机，将其与蓄电池直接连接试验，起动机转速仍很低 ④ 对起动机进行分解。分解起动机后检查发现，起动机的4个电刷支架中有两个已经松动，没有紧固 　　分析这个故障，是由于电刷支架没有完全紧固，导致在起动机工作时电刷产生摆动，电刷与整流子接触不良，因而造成起动机工作无力，不能启动发动机。 　　将电刷支架按规定力矩紧固。之后，装复起动机试验，起动机工作恢复正常，发动机能够顺利启动，故障得以排除

实例二　五羊本田WY125摩托车灯光发暗或全部不亮

故障现象	故障原因	故障诊断与排除
一辆五羊本田WY125型摩托车，磁电机工作时，将灯光开启后，灯光发暗或全部不亮	晶闸管故障	根据该车的故障现象分析，如果磁电机发电量不足或无电压输出，会造成灯光发暗或不亮。磁电机的输出能力下降或线路上压降损失过大时，将导致磁电机不发电或发电量变小，其主要原因可归纳为以下几点 ① 磁电机定子线圈短路、断路或绝缘性能不好，引起磁电机输出能力下降，导致磁电机发电量减小或不发电

续表

故障现象	故障原因	故障诊断与排除
一辆五羊本田WY125型摩托车，磁电机工作时，将灯光开启后，灯光发暗或全部不亮	晶闸管故障	② 磁钢转子的磁性减弱，在定子绕组上产生的感应电动势下降，导致磁电机发电量减小 ③ 磁电机线路接头脱焊、松动，断线会引起线路压降损失过大，导致磁电机发电量减小或无输出 ④ 电压调节器电路中的可控硅击穿或充电电路短路，都将造成磁电机的定绕组短路，导致磁电机不发电 按以下方法进行检修 ① 首先检查磁电机线路接头是否松脱，无松脱现象 ② 然后启动发动机，将力用表拨至交流电压挡，测量磁电机照明线圈输出电压 ③ 改变发动机的转速，输出电压随发动机的转速增高而增高，并能达到12.4～14V，说明磁电机运转正常 ④ 用替换法检查晶闸管，发现换新的晶闸管后一切正常，可以判定故障就出在晶闸管上 更换一新的晶闸管，试车，故障现象消失，故障排除

实例三 嘉陵JH90型新摩托车的灯光和喇叭都不工作，发动机启动却都正常

故障现象	故障原因	故障诊断与排除
一辆嘉陵JH90型摩托车，车主反映说新车买来刚2个月左右，使用时发现该车的灯光和喇叭都不工作，发动机启动却都正常	点火开关失效，导致蓄电池长时间放电	① 询问车主得知，由于是新车，没舍得使用，放置的时间比骑行的时间都长 ② 按喇叭开大灯，均无反映，证实了车主的说法 ③ 用试灯连接蓄电池两个极桩，试灯不亮；用万用表测量该车蓄电池电压，结果为0V。由此判断该车的蓄电池无电 ④ 更换一只新的蓄电池，按喇叭开大灯，结果仍无反映，说明全车线路仍然没有电流

续表

故障现象	故障原因	故障诊断与排除
一辆嘉陵JH90型摩托车，车主反映说新车买来刚2个月左右，使用时发现该车的灯光和喇叭都不工作，发动机启动却都正常	点火开关失效，导致蓄电池长时间放电	⑤ 拔下点火开关插接件，用万用表的电阻挡测量蓄电池正极至点火开关插接件的火线（红线）的电阻值，测量结果为零，说明该导线没有断路 ⑥ 用一根导线短接该插接件的红线与紫线（点火开关转到ON挡时的电源输出线），然后再按喇叭开大灯，结果发现工作均正常，判断该车的点火开关有故障，不能正常工作 ⑦ 将点火开关转到ON挡，用万用表的电阻挡测量红线与紫线之间的电阻值为无穷大，说明点火开关失效 ⑧ 更换一只该车型的点火开关后，再观察灯光和喇叭，结果均工作正常，故障排除

实例四　长洪CH125型摩托车前照灯时亮时灭

故障现象	故障原因	故障诊断与排除
一辆长洪CH125型摩托车，车主反映在使用前照明灯时，发现有时会突然熄灭，灭一段时间后又忽然重新亮起来，没有规律	灯泡与灯座接触不良	① 根据故障现象分析，很有可能是灯泡接触不良的故障 ② 在拆卸检查灯泡的过程中，感觉灯泡有些烫手，灯泡的温度过高 ③ 取下灯泡后观察，发现灯座上面的焊锡有熔化现象 ④ 原来故障产生的原因是灯泡与灯座经常接触不良，导致灯泡时亮时灭 ⑤ 灯泡的温度怎么会过高呢？观察发现，该车的左把手上是远、近光选择开关，而右把手为远光开关 ⑥ 经询问车主得知，车主在晚上开灯行驶时，习惯打开左把手远、近光选择开关选择近光后，又打开右边的远光开关。这样远、近光灯泡同时发亮，时间稍长，灯泡温度当然会很高 ⑦ 将灯座和灯泡上面的焊锡重新焊接，再叮嘱车主，在夜间行车时，不能同时打开远光和近光，只能使用远光和近光选择开关 ⑧ 经过2个月后再询问车主，车主说前照灯工作正常，灯光故障再也没有发生过

实例五　金城CJ70型摩托车前照灯近光正常，远光暗淡

故障现象	故障原因	故障诊断与排除
一辆金城CJ70型摩托车，车主反映该车在夜间行驶打开灯光开关时，发现前照灯近光灯正常，变换远光时，远光灯发暗，影响行车	前照灯远光线路短路	① 根据车主的描述，先启动发动机，然后将点火开关转到夜间位置 ② 发现仪表灯、尾灯亮度正常，操纵手把开关、前照灯的近光亮度正常，使用远光时整个照明灯灯光变弱 ③ 根据上述检查情况分析，可能因前照灯远光线路故障所致 ④ 经仔细检查该车的前照灯远光控制线路，发现手把开关中的红色导线焊接处，导线的线头上有毛刺与把座相接触，造成远光控制线路短路 ⑤ 用绝缘胶带将有毛刺的线头重新包好，再装复车的把座、前照灯和导线插头 ⑥ 启动发动机，近光灯和远光灯亮度均正常，工作良好，故障排除

实例六　铃木AX100型摩托车前照灯灯光暗淡，蓄电池严重亏电

故障现象	故障原因	故障诊断与排除
一辆铃木AX100型摩托车，前照灯灯光暗淡，且蓄电池亏电严重，影响行车使用	发电机整流器有故障	造成前照灯亮度不足、灯光暗淡故障的可能原因有 ① 发电机发电不足 ② 照明线路有故障 ③ 未使用规定规格的灯泡 根据分析情况，做如下检查 ① 首先拆下并检查灯泡，符合规格 ② 用万用表测灯泡的供电电压，发现仅有4V ③ 用万用表电压挡测量从发电机照明线圈输出端的电压，仍为4V ④ 怀疑是照明线圈有匝间短路现象，但用万用表测量，结果正常 ⑤ 结合蓄电池严重亏电的现象，根据以往的经验分析判断，可能是发电机整流器有问题 ⑥ 分解发电机，将整流器取下，测正、反向阻值，发现同正常值有很大差距 更换一新的整流器，前照灯亮度恢复正常，使用几天后，蓄电池电量充足，故障得以排除

实例七 名流100型摩托车前照灯远光暗淡

故障现象	故障原因	故障诊断与排除
一辆光阳名流100型摩托车，在打开前照灯的远光灯时，发现灯光暗淡	远光指示灯连接线短路	① 为了验证车主所述，启动发动机，打开照明灯开关，前照灯的近光亮度正常，远光很暗，灯丝只是一个红点。说明前照灯的远光线路有故障 ② 卸下前照灯罩检查，前照灯的远、近光线路连接良好 ③ 启动发动机试验，拔下通向远光指示灯的蓝色导线后，远光灯的亮度恢复正常，说明远光指示灯或其连接线短路 ④ 卸下远光指示灯发现，其蓝色的电流输入线与绿色的接地线的绝缘层烧熔黏结在一起。原来是两根导线的芯线接触，导致远光线路被短路 ⑤ 剥开蓝色线与绿色线的黏结处，用胶布包裹两线绝缘层的破损处，装复所拆各件 ⑥ 发动机工作时前照灯远光的亮度恢复正常，故障排除

实例八 铃木AX100型摩托车喇叭不响，转向灯不亮

故障现象	故障原因	故障诊断与排除
一辆铃木AX100型摩托车喇叭不响，转向灯不亮	点火开关与车体线连接插头与插座接触不良	① 经检查，转向灯灯泡良好，蓄电池储电充足，保险丝良好 ② 打开点火开关，按喇叭按钮，喇叭不响；拨动转向灯开关，左、右转向灯都不亮 ③ 启动发动机重复试验，信号系统仍不工作；将点火开关置于夜间行驶位置，打开照明开关，前照灯、仪表灯、尾灯都不亮 ④ 根据对该车的实际布线分析及故障现象认为，点火开关与车体线连接的总插头接触不良的可能性较大 ⑤ 卸下前照灯灯罩，拨动点火开关与车体线连接的总插头发现，插头与插座接合得不紧。由于接触不良，点火开关不能接通信号系统和照明系统的电流通路 ⑥ 紧固松动的插头与插座，消除其接合时的松动。启动发动机试验，照明系统和信号系统工作恢复正常，故障排除

实例九　重庆雅马哈CY80型摩托车电喇叭不响

故障现象	故障原因	故障诊断与排除
一辆重庆雅马哈CY80型摩托车，车主反映，该车开始喇叭声音变弱，知道喇叭音质可以调节，自己动手调整调整螺钉，结果不但未调好，反而伸喇叭不响	喇叭调整不当	根据车主反映的情况分析，喇叭本身可能基本良好，其声音变弱可能与调整或电源等有关 　①打开开关观察，空挡指示灯正常，转动转向灯开关，转向灯频率正常，说明电源良好 　②按电喇叭按钮，喇叭不响，但从空挡指示灯光变弱可以看出，喇叭有电流流过 　③从车体上拆下喇叭，重新进行调整，边调整边使用该车的蓄电池试验，经过调整后，喇叭声音恢复正常 　将调整好的喇叭装入车体，接好导线。打开点火开关，按电喇叭按钮，喇叭声音正常，故障排除

实例十　重庆雅马哈CY80型摩托车燃油表指针始终指示满刻度

故障现象	故障原因	故障诊断与排除
一辆重庆雅马哈CY80型摩托车，无论燃油箱内燃油多少，燃油表指针始终指示满刻度	燃油表传感器有故障	①根据故障现象，检查燃油表的控制线路连接情况，结果导线连接无误 　②接通或断开通往传感器的连接导线，指针仍指示满刻度，由此怀疑燃油表内出了故障 　③经检查，燃油表也未发现问题。根据燃油表工作原理，怀疑是燃油表传感器有故障 　④拆下燃油表传感器，仔细检查发现，燃油表传感器电阻器断路 　⑤分析故障原因是由于燃油表传感器的可变电阻在工作时不停地滑动，最终使电阻器接地端的电阻丝磨断，造成了上述故障 　⑥修复磨断的电阻丝后，燃油表指示正常，故障排除

参考文献

[1] 于曰桂.国产摩托车使用与维修.北京：金盾出版社，2002.

[2] 万永明.摩托车、助动车维修基础技术.上海：上海科学技术出版社，2005.

[3] 杨智勇.摩托车修理入门与技巧.北京：金盾出版社，2008.

[4] 王从栋.摩托车故障排除图解（雅马哈125系列）.济南：山东科学技术出版社，2001.

[5] 王冠德.摩托车构造与维修.北京：人民交通出版社，2005.

[6] 黄永嘉.图解踏板式摩托车故障诊断与排除.北京：金盾出版社，2004.

[7] 王宗耀.摩托车故障快速诊治.北京：机械工业出版社，2004.

[8] 杨智勇.零起点就业直通车——看图学摩托车维修.北京：化学工业出版社，2010.

[9] 黎亚洲.现代摩托车维修技术：机械部分.北京：人民邮电出版社，2005.